ステップアップ介護

よくある場面から学ぶ

コミュニケーション技術

大谷佳子＝著

中央法規

はじめに

　「ステップアップ介護」は、介護職の皆さんが専門職として新たな一歩をふみ出すためのシリーズです。日頃の業務のなかで、「やってしまいがち」「よかれと思ってやっている」「あいまいなままやっている」「よくわからなくて困っている」といった場面はないでしょうか。本シリーズでは、そのような、介護現場によくある場面をイラストで紹介し、具体的にどのように考え、どのように対応したらよいのかをわかりやすく解説しました。

　基本的には、一つの場面を4ページで展開しています。前から順に読んでいただくことも、場面を選んで読んでいただくこともできるようになっていますので、ぜひ、パラパラとめくってみてください。きっと気になる場面が出てくると思います。

　また、本シリーズは、複数の介護事業所にヒアリングをさせていただき、「介護職が押さえておきたいテーマ」「職員研修で必ず取り上げるテーマ」として共通してあがってきたものをラインナップとしてそろえています。根拠となる知識や応用的な知識も収載していますので、新人研修や事業所内研修にも、そのまま活用していただけるものと思います。

　そのなかの一冊である本書『よくある場面から学ぶコミュニケーション技術』は、利用者・家族とのコミュニケーション（Part 1）だけでなく、職員とのコミュニケーション（Part 2）においても、やってしまいがちな場面を中心に取り上げました。

　Part 1 と Part 2 では、場面ごとに、注意したい言葉やかかわり方、コミュニケーションを改善するために意識したいポイントをわかりやすく紹介しています。

　Part 3 では、コミュニケーションにおける自分の強みを見つけるためのチェックリストを用意しました。自分に近いタイプを選ん

で、参考にしてみましょう。

　介護におけるコミュニケーションは、適切な介護を提供するための手段であると同時に、介護職の気持ちや姿勢を効果的に表現する手段でもあります。利用者のことを大切にしているつもりでも、気持ちはこころのなかにあるだけでは、相手にうまく伝わりません。

　利用者に喜んでもらうためには、介護職がどのように声かけすればよいのでしょうか。利用者に安心してもらうためには、介護職がどのようにかかわることがよいのでしょうか。場面ごとに、一緒に考えてみましょう。

　そして、うまくいくコミュニケーションのポイントがわかったら、実際に、やってみることが大切です。どうすればよいのかが「わかる」だけでなく、適切なコミュニケーションが「できる」ように、ステップアップしていきましょう。

　最後に、シリーズキャラクターである「つぼみちゃん」「はなこ先輩」とともに、自分で考え、実践できる介護職として成長し続けるために、また、事業所全体の介護をステップアップさせるために、本書をご活用いただければ幸いです。

2019 年 8 月　大谷佳子

はじめに

Part 1 利用者・家族とのコミュニケーション

1 介護中によくある場面

① 事故の可能性がある利用者には
「〜しないでください」と注意するのがよい?! ……… 002

② 積極的に話しかけているのに沈黙になりがち?! ……… 006

③ 「よくわかります!」と言ったのに不安そうなのは
どうして?! ……… 010

④ 「これに着替えてください」と着替えを用意するのが
よい?! ……… 014

2 ダメなのについやってしまいがちな場面

① 作業をしながら同時に話を聞いていることがある?! ……… 018

② 利用者を「ちゃん」づけで呼んでいる?! ……… 022

③ 「早く〜してください」と利用者の行動を急かしている?! … 026

④ 悪口を言う利用者に話を合わせてしまっている?! ……… 030

3 一見よさそうに見える場面

① ふさぎ込んでいる利用者ははげますのがよい?! ……… 034

② くつろいで利用者の話を聞くのがよい?! ⋯⋯⋯ 038

③ スキンシップは多いほうがよい?! ⋯⋯⋯ 042

④ 介護に疲れている家族ははげましたほうがよい?! ⋯⋯⋯ 046

4　対応に困ってしまう場面

① 「財布がなくなった」と訴える利用者に事実を
伝えてもよい?! ⋯⋯⋯ 050

② 「女の子が私を見ている」という訴えは否定する
のがよい?! ⋯⋯⋯ 054

③ 発音が不明瞭な利用者には、正しく言い直してもらう
のがよい?! ⋯⋯⋯ 058

④ 自発的に話すことが難しい利用者には、大きな声で
話すのがよい?! ⋯⋯⋯ 062

⑤ 意欲が低下している利用者には、積極的に参加を
すすめるのがよい?! ⋯⋯⋯ 066

5　利用者とのコミュニケーションで苦手なことがある

① 口下手で話すことが苦手 ⋯⋯⋯ 070

② あいさつの後の間が苦手 ⋯⋯⋯ 074

③ 褒められたときの返事が苦手 ⋯⋯⋯ 078

④ 視線を合わせることが苦手 ⋯⋯⋯ 082

⑤ 怒っている人に対応するのが苦手 ⋯⋯⋯ 086

Part 2　職員とのコミュニケーション

1　職場でよくある場面

① 聞きたいことがあると、つい相手の話に割り込んでしまう?! ———————— 092

② 怒られたときに、つい笑ってしまう?! ———————— 096

③ 言いたいことが、正確に伝わらない?! ———————— 100

④ つい言い方がきつくなってしまう?! ———————— 104

2　ついやってしまいがちな場面

① 他職種に何も言えない ———————— 108

② つい言い過ぎてしまう ———————— 112

③ 理解できていないのに、わかったことにしている ———————— 116

④ イライラしている相手に、感情的に言葉を返してしまう ———————— 120

3　一見よさそうに見える場面

① 同僚の愚痴に話を合わせている?! ———————— 124

② 言葉を省略して、簡潔に伝える?! ———————— 128

③ 言葉をそのままの意味として受け取っている?! ———————— 132

④ 大切なことは話の最後に伝える?! ———————— 136

⑤ 上司への報告は求められたときにしている?! ———————— 140

Part 3　自分の強みをいかす

- ① タイプ1のあなたは…… ... 150
- ② タイプ2のあなたは…… ... 154
- ③ タイプ3のあなたは…… ... 158
- ④ タイプ4のあなたは…… ... 162
- ⑤ タイプ5のあなたは…… ... 166

キャラクター紹介

つぼみちゃん ── TSUBOMI CHAN

介護施設で働きはじめたばかり。憧れのはなこ先輩のように、花咲くことを夢見て一生懸命介護の仕事をがんばっている。
好きな食べ物はパンケーキ。おひさまを浴びることが大好き。

はなこ先輩 ── HANAKO SENPAI

つぼみちゃんの教育係の先輩。素直でいつも前向きなつぼみちゃんを応援している。
好きな果物はリンゴ。ミツバチと小鳥がお友達。

Part 1
利用者・家族とのコミュニケーション

気持ちをこめて接しているつもりなのにギクシャクしちゃうことがあるよね。

いつものコミュニケーションをチェックしてみよう！

1 介護中によくある場面

1 事故の可能性がある利用者には「〜しないでください」と注意するのがよい？！

考えてみよう！ どうして、Cさんはムッとしたのだろう？

　転倒して骨折した経験のある利用者のCさん。今は転倒の危険性に配慮して車いすを使っています。Cさんが自分で立ち上がろうとする場面を新人介護職Bさんが発見したので、「危ない！　やめて！　立ち上がらないでください！」と大きな声で注意しました。ところが、Cさんは、ムッとして腹を立ててしまいました。

注意したのはCさんの安全のためだよね。どうしてCさんはムッとしたのかな？

Cさんはどうして立ち上がろうとしたのか知る必要があるよね。注意される側に立って考えてみよう！

> **確認しよう！** どこがダメなの？　何がダメなの？

チェック 1　「～しないでください」と注意している！

　「～しないでください」と禁止する言葉で、行動を抑制することは望ましくありません。頭ごなしに禁止する言葉で注意されると、Cさんのように、相手はムッとして腹を立てたり、「うるさい！」などと怒り出したりするかもしれません。

チェック 2　行動の理由を確認していない！

　「勝手に立ち上がらないで」と大きな声で注意すれば、そのときの行動を止めることはできるかもしれません。しかし、Cさんが立ち上がろうとした理由がわからなければ、Cさんはまた同じことをくり返してしまうでしょう。

> **注意しよう！** こんなコミュニケーションをしてない？

・「危ないから、立ち上がってはダメでしょう！」
・「勝手なことはしないで！」
・「転倒したら、どうするの！」
・「無理するから、転倒するんですよ」
・「今度転んだら、寝たきりになりますからね」

「転倒したら、どうするの！」って言われても、Cさんは返事のしようがないよね。

どうしたらいいの？ うまくいくコミュニケーションのポイントは？

「Cさん、どうしましたか？　今、うかがいますから、座ってお待ちいただけますか？」と声かけしましょう。

ポイント 1　　ポジティブな表現を心がける

「しないでください」などの禁止する言葉の背景には、「このようにしてほしい」という介護職の思いがあるはずです。その「してほしい」ことを言葉にして伝えましょう。利用者の自尊心を傷つけることなく、利用者への思いをしっかりと伝えることができます。

ポイント 2　　頭ごなしに禁止・否定しないで理由を確認する

Cさんは欲しいものを取ろうとして立ち上がろうとしていたのかもしれません。もしかしたら、忙しそうな介護職に声をかけたら迷惑になるのでは、とCさんは考えて、自分で行動しようとしていたのかもしれません。頭ごなしに禁止するのではなく、「どうしましたか？」などと、利用者の考えや気持ちを大切にした声かけをしましょう。

禁止・否定する言葉

　利用者に声かけをするときに、「しないでください」「してはいけません」などと禁止する言葉や、「してはダメでしょう」などと否定する言葉は使わないほうがよいでしょう。利用者の行動を禁止したり、否定したりするだけでなく、利用者の自尊心（プライド）を傷つけてしまうからです。

Part 1　利用者・家族とのコミュニケーション

● 頭ごなしに禁止・否定しないで、してほしいことを伝えましょう

　この場面で介護職は、Cさんの安全のために、危険な行動を注意したのでしょう。しかし、Cさんのために注意をしたつもりでも、禁止する言葉や否定する言葉では、Cさんを怒らせてしまったようです。

　「立ち上がらないでください」という**禁止する言葉ではなく**、自分がそばに行くまで、座って待っていてほしいということを、ポジティブな表現で伝えましょう。「座ってお待ちいただけますか」と依頼形で伝えると、利用者の意思を尊重した声かけになり、利用者を大切に思う介護職の気持ちを効果的に伝えることができます。

やってみよう！　すぐにできるコミュニケーション＋α

　改善してほしい行動を、具体的に伝えましょう。「していただけたらうれしいです」「していただけたら助かります」などと、ポジティブな表現でお願いするとよいでしょう。

・「時間に遅れないでください」　→　「時間を守っていただけると助かります」
・「勝手に変えないでください」　→　「変えるときは声をかけていただけますか」

> ポジティブな表現でお願いすることが大事なんだね！

005

2 積極的に話しかけているのに沈黙になりがち?!

考えてみよう! 黙っているDさんに、どう対応するといいのだろう?

　いつも物静かな利用者のDさん。新人介護職AさんはDさんと会話をしようと思って、レクリエーションの時間の後、あれこれ質問をしてみました。ところが、Aさんからの質問に、Dさんはときどき「ええ、まあ……」とこたえるだけです。

Dさんは「ええ、まあ……」しか言わないね。質問にこたえにくいのかなあ?

Aさんは、次々に質問をしていて、聞き取り調査をしているみたいだよ。どう対応するとよかったのか考えてみよう!

Part 1　利用者・家族とのコミュニケーション

確認しよう！　どこがダメなの？　何がダメなの？

チェック 1 　正面から話し続けている！

　対面で座ると、常に互いの顔が見える位置関係になります。ずっと視線を合わせたまま、介護職が正面から話し続けると、D さんは緊張してしまうでしょう。

チェック 2 　次々に質問している！

　D さんが黙ったままなので、何かを話していないと介護職は不安だったのかもしれません。その結果、「参加して、楽しかったですか？」「楽しくなかったのですか？」と次々に質問をしてしまい、まるで聞き取り調査をしているようです。

チェック 3 　閉ざされた質問が多い！

　「楽しかったですか？」のように、相手が「はい」か「いいえ」で返事をする質問のことを閉ざされた質問といいます。D さんは、A さんの質問に「はい」「いいえ」で明確に答えられなかったので、「ええ、まあ」などのあいまいな返事をしているのかもしれません。

注意しよう！　こんなコミュニケーションをしてない？

・沈黙が苦手なので、ひたすら自分の話をする
・間が持てなくて、「はいですか、それともいいえですか」などと返事を催促する
・「何でも話してください」と相手の言葉を促す

> 「何でも話してください」は、相手の言葉を促すときによく使う表現だけど、相手がプレッシャーに感じることもあるから注意が必要だよ。

007

どうしたらいいの？　うまくいくコミュニケーションのポイントは？

ポイント **1**　座り方に配慮する

　利用者がプレッシャーを感じないように座り方を工夫しましょう。正面から話しかけるより、相手の斜め45度に座ったり、相手の隣に座るとよいでしょう（「**プレッシャーを与えない座り方**」(p.9)）。無理に視線を合わせなくても、利用者に寄り添える座り方になります。

ポイント **2**　間を大切にする

　やわらかな表情で、利用者の言葉を待ってみましょう。利用者の隣に座り、一緒に景色をながめながら、言葉を待つのもいいでしょう。おだやかに沈黙の時間を共有して、寄り添うことも大切です。

ポイント **3**　開かれた質問をする

　「参加してみて、いかがでしたか？」のように、利用者が自由に答えることのできる質問（「**オープン・クエスチョン**」(p.169)）をしてみましょう。「参加してみて、楽しかったですか？」のような閉ざされた質問が多いと、「はい」か「いいえ」で答えが完了するため、話が広がりにくく、会話が続きません。

Part 1　利用者・家族とのコミュニケーション

● 利用者の隣で寄り添うことから、コミュニケーションを始めましょう

　この場面のように、沈黙に苦手意識をもっている介護職は少なくないようです。気まずい雰囲気におちいることを恐れて、その場しのぎのことを言ったり、無理に別の話題をふってみたりして、一方的に話をしてしまう介護職もいます。

　利用者の隣で、時間を共有することから始めてみましょう。積極的に会話することだけがコミュニケーションではありません。利用者にプレッシャーを与えないように、座り方を工夫して、利用者一人ひとりに寄り添うことを心がけましょう。

プレッシャーを与えない座り方

 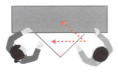 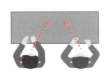

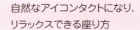

自然なアイコンタクトになり、リラックスできる座り方　　　無理に目を合わせなくても寄り添える座り方

座り方でプレッシャーが変わるんだね！

009

3 「よくわかります！」と言ったのに不安そうなのはどうして？！

そうでしたか。
よくわかります！

考えてみよう！ どうして、Eさんは不安そうなのだろう？

　利用者のEさんの話を聞いていた新人介護職Aさんは、「そうでしたか。よくわかります！」と共感していることを伝えました。Eさんはその言葉を聞いて、本当にわかってくれたのかなと不安を感じているようです。

Aさんは、話に共感を示しながら聞いているのに、どうしてEさんは不安そうなのかなあ？

「そうでしたか。よくわかります！」で、本当にEさんに共感していることが伝わるのか考えてみよう！

Part 1　利用者・家族とのコミュニケーション

確認しよう！　どこがダメなの？　何がダメなの？

チェック 1　話を聞きっぱなしにしている！

AさんはEさんの話を聞いた後、「そうでしたか」と聞きっぱなしにしています。何に対して「そうでしたか」と介護職が言ったのかがわからないため、Eさんは不安になったのかもしれません。

チェック 2　「わかります」と確認せずに言っている！

「わかります」は、自分がわかったということを伝える言葉です。理解したことをEさんに確認せずに「わかります」と伝えるだけでは、共感していることは伝わりにくいでしょう。

共感の技法

介護職には、利用者の感情を、自分のことのように理解しようとする共感的態度と、その共感的態度を上手に表現するための共感の技法が欠かせません。共感の技法とは、相手の気持ちをどのように理解したかを言葉で伝え、その理解が合っているかどうかを確かめるためのコミュニケーション技法です。共感していることを利用者にうまく伝えるための技法であり、共感的応答とも呼ばれます。

確かに、「わかる、わかる」って安易に言われると、本当に理解してくれたのかって不安な気持ちになるよね。

どうしたらいいの？ うまくいくコミュニケーションのポイントは？

「親しくしていたご友人と会えなくなって、さびしいのですね。Eさんのお気持ち、わかります」のような声かけをしましょう。

ポイント1　話の内容や感情を確認する

話を聞いた後は、簡単にわかったつもりにならずに、利用者が伝えたかったことを確認します。例えば、「親しくしていたご友人と会えなくなって、さびしいのですね」と、理解した話の内容や利用者の気持ちを確認しましょう。

ポイント2　共感していることを伝える

利用者の抱いた感情を言葉で確認してから、「○○さんのお気持ち、わかります」と、共感していることを伝えるとよいでしょう。ただ「わかります」とだけ伝えるより、利用者も安心することができます。

ポイント3　感情に合わせた表情を心がける

利用者の気持ちに合わせた表情で共感していることを伝えましょう。利用者がさびしい思いをしているときに、介護職が笑っていたら不自然です。利用者を心配している表情のほうが、共感していることが伝わりやすいでしょう。

ニコニコした表情で「とてもつらいですね」などと言われても、つらい気持ちをわかってもらえたとは思えないよね。

● 気持ちを確認してから、共感を伝えましょう

　「そうでしたか」「そうだったのですね」などと話を聞きっぱなしにしてしまうと、相手が何を伝えようとしたのかを確認することができません。確認をしていないにもかかわらず、わかったつもりになって「わかります」などと伝えると、相手を不安にさせるだけでなく、話の行き違いや誤解につながることもあります。

　利用者の話を聞いた後は、**聞きっぱなしで終わらせないで、理解できたことを言葉で確認**しましょう。介護職がどのように理解したのかが伝わると、相手は「ちゃんと話を聞いてもらえた」と安心することができます。

やってみよう！　すぐにできるコミュニケーション＋α

　共感していることを伝えるときには、言葉以外のコミュニケーション手段も大切です。やわらかい話し方を心がけて、相手の心情に合わせた表情や動作を心がけましょう。

相手の気持ちに共感したことを伝えることが大事なんだね！

４ 「これに着替えてください」と着替えを用意するのがよい？！

今日はこれに着替えてください。

……
……

考えてみよう！ どうして、Ｆさんはつまらない表情なのだろう？

　新人介護職Ａさんは、Ｆさんが悩んだり困ったりしないように、着替えの服を選んで渡しました。ところが、Ｆさんはつまらない表情のまま黙っています。

Ｆさんのために服を選んであげたんだね！　でも、なんでＦさんはつまらない表情なのかなあ？

Ｆさんは、Ａさんが選んだ服より、ほかの服に着替えたかったんじゃないかな？　この場面ではどうしたらよかったのか考えてみよう！

Part 1　利用者・家族とのコミュニケーション

> 確認しよう！　どこがダメなの？　何がダメなの？

チェック1　Aさんが服を選んでいる！

　Fさん自身ができることをAさんがしてしまうと、Fさんは自分でしようとする意欲が低下してしまいます。自分でできることも、Aさんに依存するようになってしまうかもしれません。

チェック2　「これに着替えてください」と伝えている！

　「〜してください」は、指示的な言い方です。Fさんには、Aさんが一方的に「これに着替えて！」と指図したように聞こえたのかもしれません。

> 注意しよう！　こんなコミュニケーションをしてない？

・「着替えを選んであげましたよ」
・「私が準備しておいてあげました」
・「これでいいでしょ」
・「もっと、おしゃれしたほうがいいですよ」

「○○してあげる」は、親が子どもに言うような言い方みたい！　「これでいいでしょ」って押しつけられたら、何も言えなくなっちゃうね。

015

どうしたらいいの? うまくいくコミュニケーションのポイントは?

「Fさん、着替えの服はどれにしましょうか?」
「Fさん、今日はどちらの服がよろしいですか?」のように声かけします。

ポイント1　自分で選ぶ機会を増やす

「どれにしましょうか?」と声をかけて、利用者自身に着替えの服を選んでもらいましょう。介護職が選んだ服を何パターンか見てもらい、「どちらがよろしいですか?」と利用者自身に選択してもらうのもよいでしょう。

ポイント2　意欲を引き出す声かけをする

利用者が服を選んでいるときも、利用者の意欲を引き出すコミュニケーションを意識しましょう。「その服も、よくお似合いですね」などと声かけをして、楽しい時間になるように心がけます。利用者の意欲を引き出して、自己決定をサポートしましょう。

自立を支援するコミュニケーション

介護の現場では、利用者がとまどったり、困ったりしないように、介護職が「〜しましょう」「〜してください」と指示することがあります。しかし、自立度の比較的高い利用者にまで指示ばかりしていると、利用者の自立をさまたげてしまいます。自分で選ぶ機会を増やして、自立を支援するコミュニケーションを心がけましょう。

Part 1　利用者・家族とのコミュニケーション

● 利用者の自己決定の機会を増やすような声かけをしましょう

　いつも「〜してください」と介護職が指示ばかりしていると、利用者はその指示に依存的になり、自分から何かをしようとする意欲を低下させてしまいます。利用者の能力に応じて、利用者自身に考えてもらい、自己決定できるように支援しましょう。

　そのためには、「どうしましょうか？」「どちらがよろしいですか？」などと、**利用者に考えてもらう言葉をかけてみるとよいでしょう**。

> やってみよう！　すぐにできるコミュニケーション＋α

　生活のなかで、利用者自身に選択してもらったり、考えてもらったりする機会を増やすとよいでしょう。「今日の服は、どちらがよろしいですか？」「何から召し上がりますか？」「今日はどのように過ごしたいですか？」などと、利用者の自己決定を尊重する言葉かけが大切です。

　この場面のように、介護職が着替えを用意する場合、「これに着替えてください」と伝えると、介護職が一方的に指示しているように聞こえてしまいます。「この服を選んでみたのですが、いかがでしょうか」と、**利用者の意思を確認する**言葉かけをするとよいでしょう。

利用者さんに選んでもらえるように
声かけするのが大切なんだね！

017

2 ダメなのについやってしまいがちな場面

1 作業をしながら同時に話を聞いていることがある?!

考えてみよう！ どうして、Gさんは話す意欲を低下させたのだろう？

　利用者のGさんは、作業中の新人介護職Aさんに話しかけています。Aさんは、作業をしながら、同時にGさんの話を聞こうとしています。振り向かず、作業している手を休めないAさんを見て、Gさんは話す意欲を低下させてしまったようです。

Aさんは、「何ですか？」って対応したよね。Gさんは、どうして話す気がなくなっちゃったのかな？

Aさんが、ちゃんと聞いてくれていないと思ったのかもしれないよ。どんな理由があるのか考えてみよう！

Part 1　利用者・家族とのコミュニケーション

確認しよう!　どこがダメなの？　何がダメなの？

チェック 1　作業を優先させている！

　Aさんは、手を止めず、顔を上げることもなく、Gさんに対応しようとしています。Gさんのほうを向くこともなく「何ですか？」と声をかけられても、Gさんは、「私には関心がないのかな」と感じてしまうでしょう。

チェック 2　「ながら聞き」している！

　作業を行いながら、同時に話を聞こうとすると、「あなたの話を聞いていますよ」という反応を示すことを忘れがちです。Aさんに話を聞こうとする反応がみられず、Gさんは話しづらさを感じてしまったのかもしれません。

注意しよう!　こんなコミュニケーションをしてない？

・「あっそ」「ふーん」などの素っ気ないあいづち
・「はい、はい」などの多すぎるあいづち
・何も反応を示さないまま聞く

「ながら聞き」はしないほうがいいけど、介護の現場では、作業をしながら利用者に対応しなくてはいけないときもあるよね。そういうときは、どうしたらいいのか確認してみよう！

019

どうしたらいいの？ うまくいくコミュニケーションのポイントは？

いったん手を止めて、視線を合わせて、「どうしましたか？」とやさしく声をかけましょう。

ポイント 1　話しかけやすい雰囲気をつくる

作業中であっても、いったん手を止めて、利用者と視線をしっかり合わせましょう。やさしく「どうしましたか？」と声をかけると、利用者のことを大切に想う介護職の気持ちが伝わります。

ポイント 2　利用者への対応を優先する

後回しにできる作業であれば、利用者への対応を優先しましょう。作業を優先させなくてはいけないときは、すぐに対応できない理由を利用者に説明して同意を得ます。やむを得ず、作業を行いながら話を聞くときには、「手を動かしながらで、ごめんなさい」などと伝えるとよいでしょう。

ポイント 3　反応を示すことを忘れない

反応を示しながら聞くことを意識しましょう。うなずきやあいづち、表情、アイコンタクトなどで、「あなたの話を聞いています」と伝えると、利用者は安心して話を続けることができます。

うなずきを基本に、その合間にあいづちを打って、上手に反応しよう！

Part 1　利用者・家族とのコミュニケーション

● どのような場面でも、反応を示しながら聞きましょう

　「ながら聞き」は、日常のさまざまな場面でもみられがちです。メモを取りながら聞く、スマホを操作しながら聞くなど、何かを行いながら同時に話を聞くことに慣れている人もいるでしょう。

　利用者とのコミュニケーションにおいては、**「ながら聞き」は、可能な限りしないほうがよい**でしょう。後回しできる作業であれば、利用者への対応を優先します。メモや記録を取りながら話を聞く場合も、利用者の話を聞くことを優先しましょう。書くことに集中してしまい、顔も上げないままでは、相手に失礼です。

　やむを得ず「ながら聞き」になるときには、うなずきやあいづちで反応を示しながら、少しでも利用者に話しやすい環境を提供できるように心がけましょう。

うなずき・あいづち

　うなずきとは、首を縦に振る非言語的な反応です。利用者の話す速度に合わせて、同じ呼吸のリズムになるようにうなずくと、利用者と波長を合わせることができます。

　あいづちとは、「うん、うん」「そうですか」などの短い言語的な反応です。あいづちが多くなると、相手の話の腰を折ってしまうことがあるので注意しましょう。うなずきを基本にして、その合間にあいづちを打つと相手の話のじゃまをしません。

021

2 利用者を「ちゃん」づけで呼んでいる?!

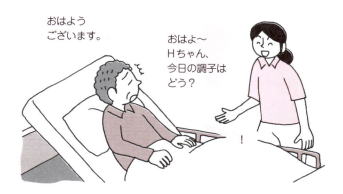

考えてみよう! どうして、Hさんはあきれた顔をしているのだろう?

　利用者のHさんは、新人介護職Aさんに「おはようございます」と朝、あいさつをしました。Aさんは「おはよ〜、Hちゃん。今日の調子はどう?」とあいさつを返したところ、Hさんは黙ってしまいました。

友達みたいなあいさつは、仲よくみえるよね!

でも、Hさんはうれしくないみたい。黙っちゃったよ。どんな言葉づかいがよかったのか考えてみよう!

Part 1 利用者・家族とのコミュニケーション

確認しよう！ どこがダメなの？ 何がダメなの？

チェック 1　介護職が後からあいさつしている！

「おはようございます」とHさんがあいさつしてから、Aさんが後からあいさつしています。

チェック 2　「Hちゃん」と呼んでいる！

Hちゃんなどと、「ちゃん」づけで利用者を呼ぶことは適切ではありません。愛称（あだ名）やおじいちゃん、おばあちゃん、などと呼ぶと、利用者に対する敬意が伝わりません。

チェック 3　友達感覚の言葉を使っている！

Hさんは「おはようございます」と丁寧（ていねい）な言葉を使っているのに、Aさんが友達感覚の言葉で「おはよ〜」と返すのは不自然です。友達同士で会話するときのような言葉を使えば、親しみがわくとは限りません。

> Aさんは、親しみを込めて友達感覚で話しているのだけど、Hさんは「なんて馴れ馴れしい人だろう」って思っているのかなあ？

023

どうしたらいいの？ うまくいくコミュニケーションのポイントは？

「○○さん、おはようございます。今日の調子はいかがですか？」
と声かけしましょう。

ポイント 1 自分からあいさつする

相手より先に、自分からあいさつしましょう。朝、気持ちのよい
あいさつからスタートすると、その日1日、お互いに声をかけやす
くなります。

ポイント 2 名前に「さん」を付けて呼ぶ

利用者の姓（ファミリーネーム）に「さん」をつけて、○○さん
と声をかけましょう。本人が希望した場合や施設に同姓が多い場合、
夫婦や兄弟姉妹の場合などには、名前（ファーストネーム）に「さ
ん」をつけることもあります。

ポイント 3 丁寧な言葉を使う

丁寧な言葉づかいは、相手に対する敬意を伝えます。介護職と利
用者は、友達ではありません。「調子はどう？」より、「調子はいか
がですか？」のほうが丁寧です。

あいさつ

利用者や家族との関係づくりは、心のこもったあいさつから始まりま
す。あいさつは相手の存在を確認して、好意的にかかわろうとする意思
を伝えるものです。人を選ばずに、誰にでも積極的にあいさつしましょ
う。率先してあいさつすると、「感じのよい人」「話しやすい人」などの
好印象になります。

Part 1　利用者・家族とのコミュニケーション

● こころのこもったあいさつと丁寧な言葉づかいで、敬う気持ちを表現しましょう

　利用者を敬う気持ちを表現するものが、**こころのこもったあいさつ**と**丁寧な言葉づかい**です。介護職が親しみを込めて、友達感覚の言葉を使ったり、「ちゃん」づけをして利用者を呼んだりしても、利用者はそのようなかかわり方をこころよく思っていないかもしれません。

　介護の現場では、利用者との関係づくりが大切です。利用者やその家族に、介護の専門家として信頼していただくためには、**プロとしてのかかわり方を意識**しましょう。

やってみよう！　すぐにできるコミュニケーション＋α

　あいさつするときは、声のトーンや、表情、目線・視線、動作などにも留意しましょう。

　大切に思っている人にあいさつするときは、自然に表情やまなざしがやさしくなり、声のトーンも明るくなっているはずです。相手を見ないで、無表情のままボソボソとあいさつをすると、その人を大切にしている気持ちは伝わりません。

こころをこめてあいさつするのが大事なんだね！

「早く〜してください」と利用者の行動を急かしている?!

考えてみよう! 「早く召し上がってください」は、誰のための言葉だろう?

　利用者のIさんは、食欲がないようで、あまり食事が進んでいません。新人介護職Bさんは、「早く召し上がってください」と言葉をかけて、Iさんに食事することを促しています。

Bさんは、Iさんの健康のために食事を促す声かけをしたんだね!

Bさんは「早く」って言っているけど、急いで食べなくちゃいけない理由があるのかな? 本当にこんな対応でよいのか考えてみよう!

Part 1　利用者・家族とのコミュニケーション

> 確認しよう！　どこがダメなの？　何がダメなの？

チェック 1　Iさんの状態を確認していない！

Iさんは「食が進まない」と言っています。Iさんの状態を確認しないまま、食事を促すのは大変危険です。

チェック 2　介護職の都合を優先している！

「早く召し上がってください」は、介護職の都合を優先した言葉です。早くIさんの食事介助を終わらせて、次の業務に取りかからなくてはなどと思っていると、つい「早く」と言ってしまいがちです。

> 注意しよう！　こんなコミュニケーションをしてない？

・「食べないなら片づけますよ」
・「食べないと元気がでませんよ」
・「もっと食べられるはずですよ」
・「食べてもらわないと困ります」
・「ちゃんと食べないと栄養がとれませんよ」

「食べないなら片づけますよ」なんて言われたら、食事を強要されているみたいだよ。Iさんが安心して食事ができるような声かけをしよう！

027

> **どうしたらいいの？** うまくいくコミュニケーションのポイントは？

「体調はいかがですか？ ゆっくり召し上がってくださいね」と声かけしましょう。

ポイント1　Iさんの体調を確認する

食が進まないのは、利用者の体調や口腔(こうくう)の状態がよくないからかもしれません。「体調はいかがですか？」「入れ歯の具合はいかがですか？」などと、利用者の状態を確認する言葉をかけ、様子を観察しましょう。

ポイント2　利用者本位の言葉を使う

利用者に喜ばれるのは、介護職の都合を優先した言葉ではなく、利用者本位の言葉です。「ゆっくり召し上がってくださいね」と、Iさんのペースで、安心して食事をしていただけるように声をかけましょう。

利用者本位の言葉かけ

利用者本位の言葉かけとは、利用者の立場に立った言葉かけのことです。どういう言葉をかけたら、安心できるのだろう、どのような言葉なら意欲を高めることができるのだろう、と利用者の立場に立って考えることが大切です。

Part 1 利用者・家族とのコミュニケーション

● 利用者本位の言葉かけを心がけましょう

「早く召し上がってください」などと急かされたら、食事はおいしくないでしょう。利用者をあせらせてしまうと、むせたり、食べ物をつまらせたりして、大変危険です。早く食べることができない利用者は、「もういらない」と食べることをあきらめてしまうかもしれません。

食事を楽しんでいただくためには、安心して、自分のペースで食べることができるように、**利用者の立場に立った言葉**をかけましょう。

やってみよう！　すぐにできるコミュニケーション+α

利用者に「〜してください」と伝えると、介護職の都合を優先している言葉に聞こえます。「〜してください」という指示的な言葉を、「〜していただけますか？」と依頼形で表現してみましょう。利用者の都合を優先しようとする言葉になります。

例えば、介護職がすぐに対応できないとき、「お待ちください」と言われた利用者は、待つことを一方的に指示されたように感じるでしょう。「お待ちいただけますか？」「お待ちいただいてよろしいですか？」などの依頼形の言葉は、利用者から待つことの了承を求める声かけになり、利用者を尊重していることが伝わります。

利用者の立場に立った
声かけが大事なんだね！

029

悪口を言う利用者に話を合わせてしまっている?!

考えてみよう！ 「あの人が嫌い！」と言う利用者に、どう対応するとよいのだろう？

　利用者のJさんは、ある職員のことを指して、「私、あの人が嫌い！」と訴えています。新人介護職Aさんは、Jさんに何かを言わなくてはと思い、つい「私も実は苦手です」と話を合わせました。

Jさんは、どうして「あの人が嫌い！」って言ってきたのかな？Aさんの意見を聞きたかったのかな？

Aさんは話を合わせたみたいだね。本当にそれでよかったのか考えてみよう！

Part 1 利用者・家族とのコミュニケーション

> 確認しよう！　どこがダメなの？　何がダメなの？

チェック 1　すぐに自分の意見や考えを話している！

　返す言葉が見つからないと、あせってしまい、自分の意見や考えを話しがちです。Jさんは、介護職に聞いてもらいたいことがあって、「あの人が嫌い！」と話しかけてきたのかもしれません。

チェック 2　悪口に話を合わせている！

　誰かを悪く言う利用者に、話を合わせるのは避けましょう。人間関係のトラブルのもとです。悪口を言うことで生まれる親近感や連帯感は、その場限りの一時的なものになりやすく、長い目でみたとき、信頼関係にヒビを入れてしまうこともあります。

> 注意しよう！　こんなコミュニケーションをしてない？

・「そんなことを言ってはダメですよ」
・「なんでそんなことを言うのですか。あの人いい人ですよ！」

悪口に話を合わせることはよくないけど、「そんなことを言ってはダメですよ！」などと頭ごなしに否定しないほうがいいよ。

031

> **どうしたらいいの？** うまくいくコミュニケーションのポイントは？

「Jさんは、あの人が嫌いなのですね」
「あの人のことが苦手なのですか？」のように声かけしましょう。

ポイント 1　メッセージを共有する

「私も実は苦手です」と個人的な話をするより、利用者のメッセージを共有しましょう。そのためには、くり返しの技法や言い換えの技法が有効です。利用者の言葉をそのままくり返して、「嫌いなのですね」とメッセージを共有します。「苦手なのですか？」などと言い換えてみるのもよいでしょう。

ポイント 2　訴えの理由を聞く

利用者の「あの人が嫌い」という訴えには、何か理由があるはずです。「よかったら、お話を聞かせてください」と促して、利用者の話に耳を傾けてみましょう。理由によっては、具体的に対応することが必要になるかもしれません。

くり返し・言い換え

「くり返し」とは、相手が話す言葉の一部を短く、そのままの言葉で返す技法です。話し手の言葉を聞き手がくり返すことで、メッセージを否定したり、批判したりすることなく、そのまま共有することができます。「言い換え」とは、相手の話から感じ取ったことや、理解したことを、聞き手の言葉で返す技法です。

相手の言葉をそのままくり返すのか、それとも自然な言葉に言い換えるのかは、状況に応じて使い分けるとよいでしょう。

● メッセージを共有して、聞き上手になりましょう！

　会話のなかでくり返しの技法や言い換えの技法を使って、メッセージを共有しましょう。メッセージが共有されたことで、利用者は、言いたかったことが誤解されることなく介護職に伝わったと感じます。

　安易に話を合わせたり、個人的な話をしたりするより、介護職がメッセージを共有しようとすることで、利用者は、**熱心に話を聞いてくれていると実感することができる**のです。

やってみよう！　すぐにできるコミュニケーション＋α

　利用者が「何も食べたくない」と言ったときには、下記のようにくり返しの技法と言い換えの技法を使って、メッセージを共有してみましょう。

・くり返しの技法を使った声かけ
　「何も食べたくないのですね」「何も召し上がりたくないのですね」
・言い換えの技法を使った声かけ
　「食欲がないのですね」「食事をする気持ちになれないということでしょうか」

相手のメッセージを共有することが大事なんだね！

3 一見よさそうに見える場面

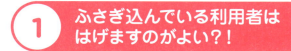

1 ふさぎ込んでいる利用者ははげますのがよい？！

考えてみよう！ ふさぎ込んでいる利用者に、どのように声をかけたらよいのだろう？

　利用者のKさんは、2年前から寝たきりの状態です。近頃はふさぎ込むことが多く、「もう死んでしまいたい……」と訴えています。新人介護職AさんはKさんにはげましの言葉をかけました。ところが、Kさんはふさぎ込んだまま、元気になりません。

Aさんがはげましているのに、Kさんは、どうして元気にならないのかな？

Kさんは、動けなくてつらい気持ちをわかってもらいたかったのかもしれないよ。どのように対応したらよかったか考えてみよう！

Part 1　利用者・家族とのコミュニケーション

> 確認しよう！　どこがダメなの？　何がダメなの？

チェック 1　Kさんの気持ちを受け止めていない！

「そんなこと言わないで」は、Kさんの感情表現を抑制してしまう言葉です。Aさんは、「そんな悲しくなるようなことを言わないで」と伝えたつもりでも、Kさんは自分の気持ちをちゃんと受け止めてもらえなかった、と思うでしょう。

チェック 2　元気にしてあげなければ、とはげましている！

元気にしてあげなければ、という介護職の気持ちや、「がんばりましょう！」などのはげましの言葉は、利用者のプレッシャーになることもあります。

> 注意しよう！　こんなコミュニケーションをしてない？

・「そんなこと言ってはダメですよ」
・「またそんなこと言って！」
・「元気を出してください！」
・「Kさんはまだいいほうですよ。もっと大変な人もいますよ」

「もっと大変な人もいますよ」なんて言われたら、Kさんは、自分が誰かと比較されたと思うかも？

035

> **どうしたらいいの？** うまくいくコミュニケーションのポイントは？

「ずっと寝たきりでいると、つらいですよね」のように声かけしましょう。

ポイント 1　気持ちを受容する

「もう死にたい」と訴えている利用者の気持ちを受け止めましょう。「もう死にたい」という言葉をよい・悪い、正しい・誤りなどと判断しようとするより、利用者はどのような気持ちで「もう死にたい」と言ったのかを考えてみましょう。

ポイント 2　共感的に応答する

利用者の気持ちを理解したら、「ずっと寝たきりでいると、つらいですよね」などと、理解した気持ちを言葉で伝えます。簡単にわかったつもりにならず、利用者の気持ちを確認しながら、理解を深めていきましょう。

ポイント 3　おだやかな言い方で伝える

「つらいですよね！」と語尾を強めて伝えると、キツい言い方、トゲのある言い方に聞こえるので注意しましょう。落ち着いたトーンで、心を込めて伝えましょう。

　受容

> 受容とは、利用者をありのままに受け入れることです。受容するためには、よい・悪い、正しい・誤りなどの価値判断をいったんわきにおいて、利用者の気持ちを理解することが求められます。利用者の気持ちを受容することによって、はじめて利用者の気持ちに寄り添う共感的態度が可能になるといえるでしょう。

Part 1　利用者・家族とのコミュニケーション

● 利用者の気持ちを否定せずに、受容しましょう！

　この場面の利用者のように、ふさぎ込んでいる人に対して、「がんばりましょう！」とはげますとプレッシャーになることもあります。はげましの言葉で元気になる利用者もいるでしょう。しかし、ふさぎ込んでいる利用者には逆効果です。
　利用者の**気持ちを受容して、その気持ちに寄り添いましょう**。「つらいですよね」と介護職に共感してもらえたら、利用者は「自分の気持ちをわかってくれた」と安心することができるでしょう。

やってみよう！　すぐにできるコミュニケーション＋α

　共感的応答に加えて、援助につながる一言をプラスしてみましょう。

・「今、どんなことが一番つらいですか？」
・「私にできることはありませんか？」
・「よかったら、Kさんの気持ちをお話していただけますか」

Kさんの気持ちに寄り添うことが大切なんだね！

037

くつろいで利用者の話を聞くのがよい?!

考えてみよう! どのような姿勢で、利用者の話を聞いたらいいのだろう?

　利用者Lさんの話を新人介護職Bさんが聞いています。LさんがリラックスできるようにBさんは自宅でくつろぐような姿勢で、Lさんの話を聞いています。

 Bさんは、自宅で家族や友達とおしゃべりしているみたい!

 でも、Lさんは、話しにくそうだよ。話を聞くときの姿勢がこれでよいのか考えてみよう!

Part 1　利用者・家族とのコミュニケーション

確認しよう！　どこがダメなの？　何がダメなの？

チェック2　いすによりかかっている！

チェック1　腕や足を組んで聞いている！

チェック1　腕や足を組んで聞いている！

　腕組みや足組みは、自分を守ろうとする防衛的な姿勢と考えられています。Bさんのくせであったとしても、壁をつくられているようで話しづらいと感じる利用者もいるでしょう。

チェック2　いすによりかかっている！

　いすに浅く座り、反り返るように背もたれによりかかる後傾姿勢は、だらしのない態度や横柄な態度として受け取られてしまいます。利用者によい印象を与えません。

だらしなく見える座り方は、Lさんに
リラックスしてもらうことにはつながらないよ！

039

> **どうしたらいいの？** うまくいくコミュニケーションのポイントは？

ポイント 1 　　受け入れる姿勢で座る

　相手を歓迎する姿勢を「オープン・ポジション（開いた姿勢）」と呼びます。手は自由に動かせるように、膝の上に置きます。身体を左右に曲げたりせずに座り、足をやや開いて安定させると、礼儀正しい、落ち着いた印象になります。自然なオープン・ポジションで、壁をつくらない姿勢を心がけましょう。

ポイント 2 　　前傾姿勢で聞く

　上半身を少し相手のほうに傾けた姿勢で聞きましょう。利用者の話をしっかり傾聴しようとする介護職の熱意が伝わります。

ポイント 3 　　リラックスできる座り方を工夫する

　対面で座るより、相手の斜め 45 度の位置に座ると、よりリラックスして会話を楽しむことができます（「**プレッシャーを与えない座り方**」(p.9)）。

●「あなたの話が聞きたい」という気持ちを、姿勢で伝えましょう！

　話を聞くときの腕組みや足組みは、友達との会話では、特に問題になることはないでしょう。しかし、その姿勢がくせになっていると、利用者に対しても、無意識のうちに腕を組んだり、足を組んだりして話を聞いているかもしれません。

　利用者の話を聞くときは、自然なオープン・ポジションで、**礼儀正しい姿勢を心がけましょう**。利用者に対する敬意が伝わり、利用者は気持ちよく話をすることができます。

傾聴

　傾聴とは、相手の話に熱心に耳を傾けることです。利用者の話を傾聴するときは、受け身的に聞くのではなく、熱心に話を聞こうとする積極的な聞き方を心がけましょう。しかし、一生懸命に聞いていれば、どのような聞き方をしてもよいというわけではありません。利用者の話を聞こうとする介護職の気持ちが伝わるように、聞くときの姿勢を意識しましょう。

自分のくせを知っておくことが大切だね！

スキンシップは多いほうがよい？！

考えてみよう！ どうしてMさんは、困った表情をしているのだろう？

　新人介護職Aさんは、利用者とのスキンシップを大切にしたいと思っています。今日も、利用者のMさんの顔に触れながらあいさつしました。ところが、Mさんは困った表情をしています。

利用者さんと親密になれるように、スキンシップは大切にしたいよね！　なのに、Mさんが困った顔をしているのはなんでかな？

スキンシップがうれしくないのかもしれないよ。Mさんが困った表情をした理由を考えてみよう！

Part 1　利用者・家族とのコミュニケーション

確認しよう！　どこがダメなの？　何がダメなの？

チェック 1　Mさんの顔に触れている！

　介護職が親しみを表現しているつもりでも、スキンシップが好きな利用者もいれば、身内以外の人との身体接触に慣れていない利用者もいます。Mさんが望んでいなければ、Aさんのスキンシップは逆効果になることもあるので注意が必要です。

チェック 2　Mさんと距離が近い！

　介護職は、利用者に接近し、間近な距離でかかわることに慣れていますが、支援を受ける利用者も同じように慣れているとは限りません。急に接近すれば、Mさんを驚かせてしまうでしょう。

注意しよう！　こんなコミュニケーションをしてない？

・むやみに触れる
・突然、触れる
・乱暴に触れる
・頭部や顔、大腿部などへ触れる

頭部や顔、大腿部などへの接触は、相手が不快に思うので要注意だよ！　特に、異性へのスキンシップは慎重にね。

043

どうしたらいいの？　うまくいくコミュニケーションのポイントは？

利用者一人ひとりの望む方法で、かかわりましょう。

ポイント 1　肩や背中、手の甲にやさしく触れる

　比較的抵抗を感じにくいとされている肩や背中、手の甲などにやさしく触れましょう。むやみに触れることは避けて、利用者が「**スキンシップ**」（p.45）をどのように感じているか、確かめながら行うとよいでしょう。

ポイント 2　距離感を大切にする

　利用者に近づけば近づくほど、介護職の温かさや親しみが伝わるとは限りません。利用者にもプライベートな空間があり、むやみに侵入されると不快になることもあるでしょう。
　人との距離の取り方は、その相手に対する関心や気持ちなどと関係しています。日頃から信頼関係を築いておくことが大切です。

● 利用者がどのような接し方を望んでいるのかを意識してみましょう

「スキンシップを大切にしたい」という気持ちが先行しすぎてしまうと、利用者の気持ちとの間にズレが生じてしまうこともあります。大切なことは、介護職の気持ちだけで利用者とかかわるのではなく、**相手がどのように接してもらいたいと思っている**のか、という視点をもつことです。

介護職が「スキンシップを大切にしたい」と思っていても、この場面のMさんがスキンシップを望まないのであれば、Mさんの気持ちを優先したほうがよいでしょう。

スキンシップ

利用者へのスキンシップは、その人とのつながりを深めたいという介護職の気持ちを伝える効果があります。日々、身体接触が行われる介護の現場だからこそ、利用者に丁寧に、やさしく触れるように心がけましょう。乱暴に触れたり、不意に触れたりすると、介護職に対して、「乱暴な人」「無神経な人」「図々しい人」などの悪い印象をもってしまうかもしれません。

利用者さんの望む接し方に合わせることが大切だよ！

介護に疲れている家族ははげましたほうがよい？！

奥さんのためにも
Nさんがもっと
がんばらないと！

考えてみよう！ どうして、家族は力を落としてしまったのだろう？

　Nさん（夫）は、軽度の認知症と診断された奥さんを自宅で介護しています。新人介護職Aさんは、食事の準備をしているNさんにあれこれ指示した後、「奥さんのためにも、Nさんがもっとがんばらないと！」とはげましました。ところが、Nさんはがっくりと力を落としてしまいました。

Aさんから「もっとがんばらないと！」ってはげまされて、Nさんは元気が出てくるはずだね！

どうやらNさんはがっくりと力を落としてしまったみたい。どうしてそうなってしまったのか考えてみよう！

Part 1 利用者・家族とのコミュニケーション

確認しよう！ どこがダメなの？ 何がダメなの？

チェック 1 あれこれ指示をしている！

　Aさんから一方的に指示ばかりされると、Nさんは自分のやり方が否定されたと感じるかもしれません。

チェック 2 「もっとがんばらないと！」とはげましている！

　「もっとがんばらないと！」というはげましの言葉は、Nさんのがんばりが足りないと言っているようにも聞こえます。Nさんは、もっと努力することを押しつけられたと感じるでしょう。

注意しよう！ こんなコミュニケーションをしてない？

・「それは間違っています」と訂正する
・「このように行うべきです」と一方的に指示する
・求められていないのに、初めから指導や助言をする
・求められていないのに、家族の介護や家事に手を出す

奥さんの介護をがんばっているNさんに、「もっとがんばらないと！」とはげますことは必要なのかな？

047

どうしたらいいの？ うまくいくコミュニケーションのポイントは？

「奥さんのためにがんばっているのですね。私にも、お手伝いをさせてください」などと声かけしましょう。

ポイント 1　家族の介護努力を認める

Nさんは毎日24時間、自宅で奥さんの介護をしています。そのような家族の努力を肯定的に認め、「奥さんのためにがんばっているのですね」などと、家族の抱いている感情を受容しましょう。

介護職からみて、適切とはいえない方法であったとしても、一方的に指示したり、頭ごなしに否定するのは避けましょう。

ポイント 2　一緒にがんばりたいという気持ちを伝える

「もっとがんばらないと！」と一方的にはげますだけでは、まるで他人事のように聞こえます。「私にもお手伝いをさせてください」「心配なことは、一緒に考えていきましょう」などと、家族と一緒にがんばりたいという、介護職の気持ちを言葉で伝えましょう。

家族とのコミュニケーション

利用者一人ひとりが異なるように、利用者の家族にもそれぞれ個性や歴史、生き方があります。介護職には、それぞれの家族の個性に合わせた対応が求められます。

利用者とかかわる家族の様子を観察したり、家族の話を傾聴したりすることで、利用者本人に関する情報だけでなく、利用者と家族との関係、その家族の歴史などを知ることが可能になります。家族が抱いている利用者への思いを受容して、家族の個性や生き方を尊重しましょう。

Part 1　利用者・家族とのコミュニケーション

● 一緒にがんばりたいという想いを伝えて、良好な関係を形成しましょう

　介護職は、利用者のこころの支えになるだけでなく、その**家族にとっても安心して何でも話すことができる存在になる**ことが求められます。そのためには、家族の気持ちに配慮(はいりょ)しながら、良好な関係を構築(こうちく)していくことに努めましょう。

　これまでの**家族の努力を肯定的に認め、受容的な言葉やねぎらいの言葉をかける**ことが大切です。家族の介護を認めず、頭ごなしに批判したり、否定したりすると、良好な関係を形成するのは難しくなるでしょう。家族からの要望がない限り、初めから指導や助言をすることも適切とはいえません。

家族のやり方を尊重することが大切なんだね！

まずは家族の話をよく聞いて介護努力を理解しよう！

4 対応に困ってしまう場面

1 「財布がなくなった」と訴える利用者に事実を伝えてもよい？！

考えてみよう！ 認知症のある利用者に、どう対応したらよいのだろう？

　利用者のOさんは、軽度のアルツハイマー型認知症と診断されています。Oさんは興奮気味に「泥棒よ、泥棒！　財布がなくなっているの！」と言っていますが、泥棒が侵入した事実はありません。

泥棒なんていないのに、Oさんはどうして、「泥棒よ、泥棒！」って言うのかな？

Oさんは認知症と診断されてるよ。Oさんの行動にどんな理由があるのか考えてみよう！

Part 1　利用者・家族とのコミュニケーション

確認しよう！　知っておきたいことは？

チェック **1**　アルツハイマー型認知症の症状を理解する

　アルツハイマー型認知症では、初期の頃から、記憶の障害や見当識障害などの中核症状がみられます（「**認知症**」（p.53））。記憶の障害により、自分で財布や通帳などをしまったことを忘れてしまうと、誰かに盗られたと訴えたり、盗んだのは介護職やほかの利用者ではないかと疑ったりして、その結果、周囲とトラブルになる場合もあります。

チェック **2**　認知症の記憶障害を理解する

　私たちに日常みられるもの忘れでは、例えば、昨晩食べた食事のメニューを忘れてしまうことがあっても、食事をした出来事はちゃんと覚えています。部分的に思い出せないことがあっても、何を食べたのかを誰かから教えてもらえば、すぐに思い出すことができるでしょう。

　認知症では、出来事自体を忘れる記憶の障害がみられます。その出来事の体験がなくなってしまうため、誰かから指摘されても思い出すことができません。

注意しよう！　こんなコミュニケーションをしてない？

・「しまった場所を忘れただけでしょう」
・「誰も盗っていませんよ」
・「泥棒なんているはずないでしょう」
・「認知症だから忘れちゃったのね」
・「それより、お茶でもいかがですか」

どうしたらいいの？　うまくいくコミュニケーションのポイントは？

「それは心配ですね。ほかになくなったものがないか一緒に確認しましょう」などと声かけしましょう。

ポイント **1**　認知症のある人の訴えを受け止める

財布がないことは、利用者にとっての事実です。「それは心配ですね」などと、財布がなくなって不安になっている利用者の気持ちを受け止めましょう。しっかり視線を合わせて声をかけると、誰に話しかけているのかがわかり、利用者に落ち着いてもらうことができます。

ポイント **2**　言葉だけでなく、行動で対応する

「一緒に確認しましょう」と言葉をかけるだけでなく、実際に行動することで、利用者の気持ちに寄り添います。介護職が一緒に確認しているときに財布が見つかることもあるでしょう。「やっぱり、ここにあったじゃないですか」などの言葉は、記憶の障害がある利用者を混乱させてしまいます。「泥棒に盗まれてなくて、よかったですね」と利用者と一緒に喜んで、安心してもらいましょう。

Part 1 利用者・家族とのコミュニケーション

● 利用者の気持ちに、言葉と行動で寄り添いましょう

　認知症のある利用者とのコミュニケーションでは、その人の感情にはたらきかけることが大切です。この場面のOさんのように、不安を抱えている利用者には、その**気持ちに言葉と行動で寄り添いましょう**。利用者は、自分の訴えをしっかり受け止めて一緒に確認し、財布が盗まれていなかったことを一緒に喜んでくれた介護職に、安心と信頼を感じることができます。

 認知症

　さまざまな原因疾患により、いったん発達した知能が比較的短期間のうちに低下し、社会生活や日常生活に困難がみられる状態をいいます。原因疾患により症状の現れ方は異なりますが、中核症状（すべての認知症にみられる症状）には記憶障害、見当識障害、実行機能障害などがあります。中核症状に伴って現れるさまざまな精神症状や行動障害を行動・心理症状（Behavioral and Psychological Symptoms of Dementia: BPSD）と呼びます。

事実を伝えるだけではダメなんだね！

053

② 「女の子が私を見ている」という訴えは否定するのがよい？！

考えてみよう！ 幻視のある利用者に、どう対応したらよいのだろう？

　利用者のPさんはレビー小体型認知症と診断されています。Pさんは窓の外を指さして、「赤い服を着た女の子が私を見ているの！」とびっくりして新人介護職Aさんに訴えてきました。Aさんには女の子は見えなかったので、「誰もいませんよ。変なこと言わないでくださいよ」と伝えましたが、Pさんは窓の外が気になっているようです。

Pさんは、どうして「女の子が私を見ているの」なんて言ったのかな？　Aさんには見えなかったみたいだよ。

レビー小体型認知症のあるPさんだけに、女の子が見えるのかもしれないよ。どんな理由があるのか考えてみよう！

Part 1 利用者・家族とのコミュニケーション

確認しよう！　知っておきたいことは？

チェック1　レビー小体型認知症の症状を理解する

　レビー小体型認知症の特徴的な症状は、パーキンソン症状（パーキンソニズム）と現実感のある幻視です（「**幻覚**」(p.56)）。「赤い服を着た女の子が私を見ているの」というような、具体的で詳細な内容の幻視がくり返し現れます。

チェック2　生活環境をアセスメントする

　Pさんの生活環境について、確認してみましょう。部屋の光の差し込む状態、陰や床、壁の暗がりやシミ、植物や置物の配置など、見間違いを起こす原因があるかもしれません。

注意しよう！　こんなコミュニケーションをしてない？

・「何を言っているんですか」
・「そういう話は聞きたくありません」
・「それは幻覚ですよ。私たちには見えませんよ」

Pさんは見えたことを伝えただけなのに、「何を言っているんですか」「そういう話は聞きたくありません」なんてAさんから言われたら、悲しくなっちゃうよね。

055

どうしたらいいの？ うまくいくコミュニケーションのポイントは？

「女の子が見えたのですね。びっくりしましたね」のように声かけしましょう。

ポイント 1　利用者にとっての事実を共有する

実際には、利用者が指さした場所に女の子が存在していなくても、利用者にとっては女の子が見えたことが事実です。「女の子が見えたのですね」と、利用者の訴えをそのまま「**くり返し**」（p.32）の技法で共有しましょう。

ポイント 2　利用者の気持ちを受け止める

利用者の訴えが実際にはあり得ないことであっても、びっくりしている利用者の気持ちを受け止めましょう。「変なこと言わないでくださいよ」は、利用者の訴えだけでなく、びっくりしている気持ちまで否定する言葉に聞こえてしまいます。

幻覚

幻覚とは、現実には存在しない人や物がその人には見えたり（幻視）、客観的には聞こえない音や声がその人には聞こえたり（幻聴）することです。認知症、統合失調症、せん妄のある人に現れやすく、特に、レビー小体型認知症では、現実感のある幻視が特徴的です。統合失調症のある人の場合には、幻聴が多く、幻視はまれです。周りに話している人がいないのに、誰かの声が聞こえてくるといった幻聴の訴えが多くあります。

● 利用者にとっての事実と、利用者の感情を共有しましょう

　幻視や幻聴などの訴えは、介護職には理解できない内容であることが多いでしょう。「そんなことあるわけない」と否定しても、利用者を混乱させてしまうだけです。

　あり得ない内容を訴える利用者には、**訴えをそのまま共有**しましょう。そのときに、利用者が不安を抱えていたり、興奮したりしていたら、その感情に「**共感の技法**」（p.11）で寄り添いましょう。

　幻覚などの精神症状は、予防的な対応も重要です。生活環境をアセスメントして、幻覚を誘発しやすい原因となり得るものがあれば取り除きましょう。

「誰もいませんよ」と否定したりせず、利用者にとっての事実として受け止めることが大切なんだね！

発音が不明瞭な利用者には、正しく言い直してもらうのがよい？！

考えてみよう！ 発音が不明瞭な利用者に、どう対応したらよいのだろう？

　利用者Qさんは、脳梗塞（のうこうそく）の後遺症で構音障害（こうおんしょうがい）があります。Qさんはそわそわと落ち着かない様子で、新人介護職Bさんに「おいえ、いいあい」と話しかけてきました。BさんはQさんの言っていることがわからず、「何ですか？　ちゃんと言ってください」と伝えましたが、Qさんは「おいえ」とくり返すばかりです。

Qさんは何か言いたいみたいだけどわからないね。「おいえ」ってくり返してるよ。

Qさんは、そわそわしているよね。「おいえ」……って、もしかしたら「トイレ」のことなんじゃないかな？

058

Part 1　利用者・家族とのコミュニケーション

確認しよう！　知っておきたいことは？

チェック1　構音障害について理解する

　構音障害は、発音が不明瞭になる言語の障害です（「**構音障害**」（p.60））。構音障害のある人は子音が発音しづらく、正しく発声しようとしても「おいえ」になってしまうのです。Bさんに「ちゃんと言ってください」と促されると、Qさんは、うまく発声できないことに苛立ってしまうかもしれません。

チェック2　利用者の様子を観察する

　言葉だけがコミュニケーションの手段ではありません。表情や目つき、動作などの非言語もさまざまなメッセージを伝えています。Qさんのそわそわと落ち着かない様子から、急いでBさんに何か伝えようとしていることがわかります。

注意しよう！　こんなコミュニケーションをしてない？

・「わかりません」と言って、その場を去る
・「はい、はい」とわかったふりをする
・笑ってごまかす

笑ってごまかされたり、わかったふりをされたりしたら、利用者さんは傷ついて、伝えようとする意欲を低下させてしまうよ！

059

どうしたらいいの？ うまくいくコミュニケーションのポイントは？

「おいえ、おいえ……トイレですか？」などと確認しましょう。

ポイント 1　聞き取れたとおりにくり返してみる

利用者が言ったことを、聞き取れたとおりにくり返してみましょう。利用者の口の動きや息づかいにも注意を向けて、同じように「おいえ、おいえ」とまねてみると、「トイレのことかな？」と感覚的に理解できるようになります。

ポイント 2　クローズド・クエスチョンで確認する

Qさんのように言語に障害のある利用者には、「何ですか？」などのオープン・クエスチョンより、「**クローズド・クエスチョン**」（p.76）のほうが適しています。「トイレですか？」のように、「はい」か「いいえ」かで返事ができるような質問や、いくつかの選択肢を提示して、そのなかから選んでもらうような質問をするとよいでしょう。

構音障害

構音障害のある人は、構音器官（口唇、舌、口蓋、咽頭など）に運動異常がみられ、正しく発声することができません。構音障害のある人とのコミュニケーションでは、うなずいたり、聞き取れたとおりに言葉をくり返したりしながら、ゆっくり言葉を受け止めましょう。どうしても聞き取ることができないときには、筆談やコミュニケーションボード、五十音表などの道具を活用して意思を確認することも必要です。

● 何を伝えようとしているのかを、感覚的に理解しましょう

　言語に障害のある利用者が伝えようとしていることを感覚的に理解するためには、言葉だけに頼るのではなく、**利用者の様子をよく観察**してみましょう。そのときの表情や息づかい、しぐさ、雰囲気などにも注意を向けて、理解しようとする熱意を高めることが大切です。

　一生懸命に理解しようとしている介護職には、利用者もあきらめずに伝えようという気持ちになれるでしょう。「ちゃんと言ってください」という言葉より、**介護職の熱意が利用者の話す意欲を引き出す**のです。

やってみよう！　すぐにできるコミュニケーション＋α

　どうしても理解できないときには、利用者にペンと紙を渡して、筆談で伝えてもらうのもよいでしょう。日常会話であれば、会話ノートを利用して、絵を指し示してもらう方法もあります。

その人に合わせた方法で、コミュニケーションをとることが大切なんだね！

自発的に話すことが難しい利用者には、大きな声で話すのがよい？！

考えてみよう！ 失語症のある利用者に、どう対応したらよいのだろう？

　利用者のRさんは重度の運動性失語症があります。新人介護職Bさんは、Rさんに「な、に、を、の、み、ま、す、か？」と大きな声でたずねたところ、Rさんは「お、お、ええと」と言って、黙ってしまいました。

大きな声でたずねたのに、Rさんは、どうして返事してくれないのかな？

Bさんの言っていることは、ちゃんと聞こえているみたいだよ。Rさんに、どんな困難があるのか考えてみよう！

Part 1　利用者・家族とのコミュニケーション

> 確認しよう！　知っておきたいことは？

チェック 1　運動性失語症のある利用者の困難を理解する

　運動性失語症のある利用者は、自発的に話すことが困難です。オープン・クエスチョンで「何を飲みますか？」とたずねられても、言葉が出てこないためにすぐに返事をすることができません。

チェック 2　運動性失語症のある利用者のできることを理解する

　運動性失語症のある利用者は、言葉を聞いて理解することは比較的よくできます。聴力そのものに問題はないため、「な、に、を、の、み、ま、す、か？」と、1文字ずつ区切って伝えたり、大きな声で伝えたりする必要はありません。

はっきりと話すことは大切だけど、
やたらと大きな声を出すと、
威圧的な印象になりやすいので要注意だよ！

063

どうしたらいいの？ うまくいくコミュニケーションのポイントは？

「お茶、飲みますか？」や、お茶とお水をＲさんの前に準備して、「どちらにしますか？」と声かけしましょう。

ポイント 1　クローズド・クエスチョンで確認する

「お茶、飲みますか？」などと、うなずいたり、首を振ったりして自己表現ができる「**クローズド・クエスチョン**」（p.76）を使います。利用者が言おうとしていることを推測して、クローズド・クエスチョンで確認するようにしましょう。

ポイント 2　はっきり、ゆっくり伝える

大きな声で、言葉を1文字ずつ区切って伝える必要はありませんが、短い文章で、ゆっくり、はっきりと伝えましょう。

ポイント 3　意思確認の方法を工夫する

意思確認の方法は、クローズド・クエスチョンだけではありません。ジェスチャーをつけたり、実物や絵、写真など視覚化された情報を活用したりするとよいでしょう。例えば、お茶とお水の両方を準備して、利用者にどちらかを選んで、指し示してもらう方法もあります。

クローズド・クエスチョンや絵とかで、その人に合わせて意思を確認するといいんだね！

Part 1 利用者・家族とのコミュニケーション

● その人に合わせた方法で、コミュニケーションをとりましょう

言いたいことがうまく伝えられないと、コミュニケーションに消極的になりがちです。無理に言葉で反応することを求めたり、発話を促（うなが）したりすると、利用者が負担に感じるかもしれません。**その人に合わせた方法を工夫する**ことで、利用者の伝えようとする意欲を引き出しましょう。

やってみよう！　すぐにできるコミュニケーション＋α

重度の運動性失語症のある人は、ひらがなを書くことも読むことも難しいことが多いため、ひらがなでの筆談（ひつだん）、五十音表の活用は不適切です。筆談する際は、意味が直接伝わる漢字の単語を使って、要点を伝えるほうが理解しやすくなります。

失語症

失語症とは、脳出血（のうしゅっけつ）や脳梗塞（のうこうそく）、脳腫瘍（のうしゅよう）、交通事故や転落による頭部外傷（とうぶがいしょう）などによって、脳の言語中枢（げんごちゅうすう）が損傷を受けたことで生じる言語の障害です。言葉を使う機能全般がうまくはたらかなくなり、言葉を話すこと、聞いて理解すること、読んで理解すること、文字を書くことなどが困難になります。これらの症状は失語症のタイプによって違いがあります。

〈運動性失語症〉
・自発的に話すことが困難である
・聞いて理解することは比較的保たれている

〈感覚性失語症〉
・聞いて理解することが困難である
・話すことは流暢（りゅうちょう）だが、意味不明な言葉や錯語（言い誤り）が多い

065

意欲が低下している利用者には、積極的に参加をすすめるのがよい？！

考えてみよう！ 意欲が低下している利用者に、どう対応したらよいのだろう？

　利用者のSさんは最近一人で自室にいることが多く、毎回参加していたレクリエーションにも顔を出さなくなりました。心配になった新人介護職Aさんが、Sさんをレクリエーションに誘っています。「今日はレクリエーションに行きましょう！」と言葉をかけましたが、Sさんはうつむいたままです。

元気よく誘ったのに、Sさんはなんで元気がでないのかな？

Sさん、以前はレクリエーションにも毎回参加していたみたいだね。どうして参加しなくなってしまったのか理由を考えてみよう！

Part 1 利用者・家族とのコミュニケーション

確認しよう！　知っておきたいことは？

チェック **1**　参加したくない理由を確認する

　参加をすすめる前に、S さんに参加しない理由を聞いてみましょう。ただし、「どうして参加しないのですか？」のように、「どうして」「なぜ」を使った質問は、誤解を招きやすいので注意が必要です。A さんは参加しない理由をたずねているつもりでも、S さんは「参加しないことを責められている」「参加しないから怒られている」と感じて、防衛的になってしまうかもしれません。

チェック **2**　意欲低下のサインに注意する

　意欲の低下は、その人の言葉や行動の減少に現れます。以下のような変化がみられたら、利用者の意欲が低下しているサインかもしれません。
・毎回参加している集まりや行事に顔を出さなくなった
・服装や髪型などの身なりに気をつかわなくなった
・食欲がなく、不活発になった
・一人で過ごすことが多くなり、人と会話することが減った
・自分でできることも人に頼るようになった

注意しよう！　こんなコミュニケーションをしてない？

・「どうして参加しないのですか？」
・「少しは動かないと、健康によくないですよ！」
・「ずっと部屋にいたら、動けなくなりますよ！」
・「皆さんはちゃんと参加していますよ」
・「参加してもらわないと困ります」

067

どうしたらいいの？　うまくいくコミュニケーションのポイントは？

「レクリエーションに行かない理由を、よかったら、お話ししていただけますか？」とたずねてみましょう。

ポイント1　利用者の話を傾聴する

見守る態度で、利用者の言葉を待つことが大切です。特に理由がないようであれば、利用者が最近感じていること、気になっていることなどを話してもらうとよいでしょう。

ポイント2　意欲を引き出す言葉をかける

「少しからだを動かすと、食事がおいしくなりますよ」「廊下に季節のお花を飾ったので、見ていただけませんか」などと、行動することのプラス面を伝えて、意欲を引き出しましょう。

行動することのプラス面を伝えるといいんだね！

意欲が低下した理由を知るために、待つことも必要だよ！

● 介護職の支えが、利用者の意欲を引き出します

　利用者の**変化に気づいたら、その人の思いを傾聴**しましょう。利用者の意欲を引き出そうとして、無理に行動を促したり、はげましたりするより、受容的な態度で、本人が抱えている不安や心配に理解を示すことが大切です。

　意欲の低下とともに抑うつ気分が現れたら、うつ状態の可能性も考えられます。はげましたり、気晴らしや気分転換を促したりすると、利用者の負担になるため注意しましょう。

意欲低下の要因

　加齢や病気に伴う心身の変化、認知機能の低下などにより、これまで当たり前のようにできていたことが自分でできなくなると自尊心が傷つき、意欲が低下してしまう利用者もいます。そのほか、利用者を取り巻く環境の変化や家族関係にみられる変化などが、意欲低下の要因になることもあります。

5 利用者とのコミュニケーションで苦手なことがある

1 口下手で話すことが苦手

私は口下手だから介護の仕事には向いてないかも……

考えてみよう！ 口下手な人は、介護の仕事には向かないのだろうか？

　新人介護職のAさんは、利用者との会話に苦手意識をもっています。利用者Sさんがほかの介護職と楽しそうに会話をしている様子を見て、Aさんは、「私は口下手だから、介護の仕事には向いていないかも……」と、ちょっと落ち込んでしまいました。

Aさんの気持ちわかる！　私もお話をするのが得意じゃないんだよなあ。

でも、口下手って、ダメなことなのかな？　本当に、口下手な人は介護の仕事に向かないのか考えてみよう！

Part 1 利用者・家族とのコミュニケーション

確認しよう！ どこがダメなの？ 何がダメなの？

チェック 1 「口下手」がダメなことだと思っている！

Aさんは、「『口下手』な人は介護の仕事には向かない」と思っているようですが、本当にそうなのでしょうか。話し上手で、話し好きな介護職が望ましいと、すべての利用者さんが思っているとは限りません。

チェック 2 「口下手だから」では何が苦手かわからない！

話すことが不得意なことを「口下手」と言いますが、「私は口下手だから」というとらえ方は漠然としています。利用者に声かけをするのが下手なのか、それとも、会話を盛り上げるのが下手なのか、どの部分が不得意なのかがわからないと、苦手意識を改善する具体的な方法は見えてきません。

利用者さんのなかには、おしゃべり好きな人もいれば、
静かに過ごすことが好きな人もいるよね。
介護職は、みんな同じ個性のほうがいいのかなあ？

071

どうしたらいいの？ **うまくいくコミュニケーションのポイントは？**

ポイント **1** 「口下手」をリフレーミングする

　長所だけでなく、短所も、あなたの個性です。自身の個性を否定して、「口下手だから、介護の仕事に向かない」と考えてしまうより、個性を持ち味として活用するとよいでしょう。口下手な人は、自分から話をするのが苦手な分、相手の話を上手に聞くことができます。口下手というとらえ方を「**リフレーミング**」（p.126）して、自分の持ち味としてポジティブにとらえてみましょう。

ポイント **2** 何が苦手なのかを知る

　ただ漠然と、コミュニケーションは苦手と思っていても、どう改善したらよいのかが具体的にわかりません。何が苦手なのかを、振り返ってみましょう。介護の場面で適切な声かけができないのであれば、上手に声かけしている職員にコツを教えてもらうとよいでしょう。会話が盛り上がらないのであれば、「**コミュニケーションが苦手な人の特徴**」を参考にしてみましょう。

> ## コミュニケーションが苦手な人の特徴
>
> 　「コミュニケーションが苦手」と思っている人に、共通している特徴があります。それは、会話をしているとき、意識が相手ではなく、自分に向いてしまうことです。相手に意識を向けているようでも、「何を話そう」などと頭のなかで考えているときは、意識が自分自身に向いています。自分が話すことばかり考えてしまうと、相手の話を聞くことに集中できません。その結果、話の流れや内容を無視した発言になったり、反応を示すタイミングを逃してしまったりしてしまうのです。会話では、意識を相手に向けて、その人の話をしっかり聞きましょう。

Part 1　利用者・家族とのコミュニケーション

● 上手に傾聴できる介護職になりましょう

　口下手は決してダメなことではありません。「私は口下手だから」と思っている人は、自分では気づいていなくても、ふだんから相手の話を上手に聞いているはずです。話し好きの利用者は、聞き上手な介護職には思う存分話ができるので、より会話に満足するでしょう。静かに過ごしたい利用者は、自分のペースに合わせて話を聞いてもらえると、安心して話をすることができます。

　あれこれ自分から話をしなくても、上手に話を聞くことで、相手に喜んでもらえることが多いのです。無理に話をしようとがんばるより、「**傾聴**」（p.41）のスキルを学んで、もっと聞き上手になることを目指してみましょう。

やってみよう！　すぐにできるコミュニケーション＋α

　相手の話を聞いたら、その話に関連したことを質問してみましょう。質問することで、相手に話を続けてもらうことができます。
　利用者「昨日は孫の誕生日だったのよ」
　介護職「お孫さんはおいくつになったのですか？」　など

聞き上手になることで
苦手意識を克服できるね！

073

あいさつの後の間が苦手

考えてみよう！ あいさつの後は、何を言ったらいいのだろう？

　新人介護職のAさんは、利用者Tさんに「おはようございます」とあいさつしました。利用者も笑顔で「はい、おはよう」とあいさつしてくれましたが、その後、会話が続かずにAさんは気まずそうです。

Aさんは、自分からあいさつしていて、とっても感じがいいね！

でも、その後、何を言ったらいいのか、わからなくて気まずそうだね。Aさんは、利用者さんに会って、どんなことを思ったのかな？

Part 1　利用者・家族とのコミュニケーション

確認しよう！　どこがダメなの？　何がダメなの？

チェック 1　「何か言わなくては」と思っている！

あいさつに何か言葉をプラスしようと思っても、気の利いた言葉がすぐに浮かばないこともあります。常に「何かを言わなくてはいけない」と考えてしまうと、言葉がでてこないことにあせってしまい、黙っている状態が気まずくなるのです。

チェック 2　意識が自分に向いている！

「この後、何を話したらいいのかな……」と考えていると、意識は、自分に向いてしまいます。相手に意識を向けないまま、何かを言ったとしても、それは、一方的なコミュニケーションになってしまうでしょう。

コミュニケーションが苦手な人は、意識が自分に向きがちだよ。詳しくは「**コミュニケーションが苦手な人の特徴**」（p.72）をみてね。

どうしたらいいの？ うまくいくコミュニケーションのポイントは？

ポイント1　非言語のメッセージをプラスする

　コミュニケーションの手段は、言葉だけではありません。無理に言葉をプラスしなくても、表情や動作などの非言語で、相手を大切に想う気持ちを伝えるのもよいでしょう。笑顔とともに「おはようございます」と、明るい声のトーンであいさつしたり、軽く頭を下げてあいさつしたりすると、相手に対する親しみや好意が伝わります。

ポイント2　質問をプラスする

　あいさつするときは、意識を相手に向けましょう。利用者の様子を見て、気づいたことや思ったことを質問します。「あれ、今朝は顔色がいいみたい。よく眠れたのかな？」と気づいたら、「昨晩はよく眠れましたか？」と質問してみましょう。「薄着だけど、寒くないかな？」と思ったら、「今朝は少し冷えますね。寒くないですか？」とたずねてみるのもよいでしょう。

クローズド・クエスチョン（閉ざされた質問）

　あいさつを交わした後の質問は、クローズド・クエスチョン（閉ざされた質問）がよいでしょう。クローズド・クエスチョンとは、「寒くないですか？」のように「はい」か「いいえ」で答える質問や、「お名前は？」のように求められている答えが決まっている質問のことです。クローズド・クエスチョンを使って質問すると、相手は、深く考えなくても答えることができるので、軽い会話をするときに適しています。

Part 1　利用者・家族とのコミュニケーション

● 相手に意識を向けて、あいさつしましょう

　コミュニケーションは、気持ちのよいあいさつから始まります。あいさつするときは、相手に意識を向けて、相手の様子を観察しましょう。そのときに感じたことや気づいたこと、思ったことを、クローズド・クエスチョンで質問します。ちょっとした一言が、利用者に、「あなたのことを、いつも気にかけています」というメッセージを伝えるのです。

　無理に言葉をプラスしなくても、笑顔ややさしいまなざし、会釈などの非言語で、相手を大切に想う気持ちを伝えるのもよいでしょう。

やってみよう！　すぐにできるコミュニケーション＋α

　朝のあいさつの後、「今日も暑くなりそうですね」などの天候や季節の話題のほか、「今日は、みなさんで○○をつくる日ですね」などと、日課や行事を話題にした一言をプラスするのもよいでしょう。利用者に、これから始まる一日を、楽しみに思ってもらうことができます。

相手に意識を向けて、笑顔とともにあいさつするだけでもいいんだね！

077

3 褒められたときの返事が苦手

考えてみよう！ 褒められたとき、どのように返事をしたらいいのだろう？

　新人介護職のAさんは、利用者Uさんから「心配りのできるやさしい人ね」と褒められました。Aさんは、本当はとてもうれしかったのに、困惑した表情で「そんなことないです」と返事をしてしまいました。

うれしかったのに、「いえ、そんなことないです」と言うAさんは、謙虚な人なんだね！

でも、困った表情で否定されたら、褒めたUさんはどう思うのかな？　本当によい返事だったのか考えてみよう！

Part 1　利用者・家族とのコミュニケーション

> 確認しよう！　どこがダメなの？　何がダメなの？

チェック1　困った表情をしている！

　褒められたときの返事の仕方がわからなかったから、Aさんはつい困った表情になったのでしょう。しかし、利用者がその表情を見たら、どのように思うでしょうか。「私が褒めたことを、いやがっている」などと、誤解を与えてしまうかもしれません。

チェック2　「そんなことないです」と否定している！

　謙虚な姿勢で「いえ、そんなことないです」と言ったつもりでも、それは、Aさんに対する利用者の見方を、否定するような言葉にも聞こえます。

　Uさんは、Aさんのことを「心配りのできるやさしい人」と理解したからこそ、褒めてくれたのでしょう。本人から否定されてしまったら、利用者はがっかりしたり、少しむっとしたりするかもしれません。

利用者さんの言葉を否定することが、謙虚な姿勢とは限らないよ。せっかく褒めてくれた利用者さんに対して失礼になっちゃうよ！

079

どうしたらいいの？ うまくいくコミュニケーションのポイントは？

ポイント **1** うれしい表情で言葉を受け止める

　褒められたときは、誰でもうれしいと感じます。素直に、その感情を表情に表しましょう。介護職が喜んでいる表情になったら、褒めた利用者もうれしくなるでしょう。

ポイント **2** 感謝の気持ちを伝える

　「いえ、そんなことないです」という否定の言葉の代わりに、「ありがとうございます」「そんなふうに言っていただけて、うれしいです」などと、褒めてくれた相手への感謝の気持ちを伝えましょう。

🌱 ポジティブな表現

　相手に何かをしてもらったときに、「すみません」とお礼を言う人がいます。「すみません」は、日常のさまざまな場面で用いられる言葉です。「それは私のミスです。すみません」のように謝罪するときや、「すみません。確認をお願いします」のように断りを入れるときに使うほか、お礼を言うときにも「すみません」が使われています。

　とても便利な表現ですが、感謝の気持ちを伝えるときは「ありがとう」のほうがポジティブです。利用者や職員にお礼を言うときには、「すみません」より「ありがとうございます」と伝えることを心がけましょう。

● 褒めてくれた相手に、感謝の言葉を返しましょう

　褒められた内容に対して、「そんなことないのに」と心のなかで思ったとしても、「いえ、そんなことはないです」「そんなんじゃありません」などとすぐに否定せず、相手の言葉を受け止めることが大切です。そして、相手が自分のことを褒めてくれた、その気持ちに対して、言葉で感謝を示しましょう。

　困惑した表情では、相手は「迷惑なことを言ったかしら……」と心配になってしまいます。うれしいときは、素直にうれしい表情をしたほうが、相手も「言ってよかった」と思えるでしょう。

やってみよう！　すぐにできるコミュニケーション＋α

　褒められたことがどうしても心苦しいときは、「ありがとうございます」と相手に感謝の言葉を伝えてから、「自分では、心配りができていないなって思うことが多いので、褒めていただけて、びっくりしました」などと、素直な気持ちを伝えてもよいでしょう。

褒めてくれた人に対しては、ポジティブに感謝をするといいんだね！

視線を合わせることが苦手

考えてみよう！ 視線を合わせていると緊張する人は、どうしたらいいのだろう？

　新人介護職のAさんは、利用者Vさんと向き合って話をしています。Vさんの目を見て会話をしようとしていましたが、Aさんは、そわそわして落ち着きません。どうやら、利用者と視線を合わせたままでいると、Aさんは緊張してしまうようです。

視線を合わせたままでいると、緊張しちゃうよね！

視線を合わせることは大切だよね。でも、ずっと見つめ合ったまま、会話を続けなくてはいけないのかな？　本当にそうなのか考えてみよう！

Part 1　利用者・家族とのコミュニケーション

確認しよう！　どこがダメなの？　何がダメなの？

チェック 1　視線を合わせたまま！

　ずっと見つめたままでは、相手も自分も緊張してしまいます。しかし、一度も視線を合わせなかったり、極端にアイコンタクトが短かったりすると、相手に対する無関心や拒否、嫌悪といったマイナスな感情が伝わってしまうでしょう。

チェック 2　対面で座っている！

　向かい合って座ると、相手と見つめ合いながら話をすることになります。対面で座っていると、うまく視線をそらすことができません。どのタイミングで、どこに視線をそらせばいいのかがわからず、そわそわしてしまうのです。

注意しよう！　こんなコミュニケーションをしてない？

・ずっと下を向いている
・ちらっとしか、相手を見ない
・目が泳いでいる

ずっと下を向いてしゃべるのもよくないよねえ？

083

どうしたらいいの？ うまくいくコミュニケーションのポイントは？

ポイント 1　話しかけるときに目を見る

　話しかけるときは、相手と視線を合わせましょう。その後は、相手の目をじっと見つめ続けるのではなく、適度に視線をそらせたり、合わせたりするほうが自然で、お互いにリラックスできます。

ポイント 2　斜め45度の位置に座る

　「**プレッシャーを与えない座り方**」（p.9）の図のように、相手の斜め45度の位置に座るとよいでしょう。視線を合わせたり、そらせたりしやすくなるので、自然なアイコンタクトが可能になります。

> **🌱 視線**
>
> 　視線とは、目の方向のことです。一般に私たちは、苦手な人がくると無意識に視線をそらし、かかわりをもちたくないという意思を示します。逆に、しっかりと視線を合わせることで「相手の存在を認めている」「相手を意識している」というメッセージを伝えます。
> 　しかし、相手の目をじっと見て凝視するのも、威圧感や緊張感を与えてしまうので注意が必要です。

　目線という言葉は、視線と似ているけど、同じではないので注意だよ！　視線は目の方向、目線は目の高さのことだよ！

● 自然なアイコンタクトを、心がけましょう

　会話中にまったく視線を合わせないのは不自然ですが、視線を合わせたままでいると、相手も自分も緊張してしまうでしょう。
　視線を合わせるときは、短すぎず、長すぎないアイコンタクトになるように、相手の斜め45度の位置に座るなど座り方を工夫しましょう。

やってみよう！　すぐにできるコミュニケーション＋α

　アイコンタクトが苦手な人は、相手の目よりもやや下の辺りを見るようにするとよいでしょう。相手からは視線が合っているように見えるので、自然な目のやり場になります。

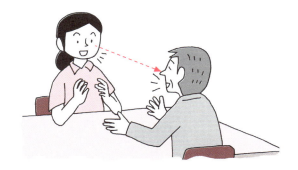

自然なアイコンタクトは短すぎず、長すぎずなんだね！

怒っている人に対応するのが苦手

考えてみよう！ 怒っている人に、どのように対応すればいいのだろう？

　新人介護職のAさんは、怒っている利用者Wさんに対応しています。笑顔で「そんなに怒らないでくださいよ〜」と、Wさんをなだめようとしましたが、ますます怒ってしまい、「うるさい！」と言われてしまいました。

Wさんの気持ちをなだめようとしたのに、何で「うるさい！」って言われちゃったのかな？

Aさんの対応が、利用者さんをますます怒らせちゃったみたいだね。どんな対応をすればよかったのか考えてみよう！

Part 1　利用者・家族とのコミュニケーション

確認しよう！　どこがダメなの？　何がダメなの？

チェック 1　笑って対応している！

　Wさんが怒っているのに、Aさんは笑顔で対応しています。ふさわしくない場面での笑顔は、「人をばかにしている」「へらへらしている」などと、誤解を招くこともあるので注意が必要です。

チェック 2　「怒らないでくださいよ〜」と声かけしている！

　Aさんは、WさんがどうしてそんなにOooっているのか理由を確かめていません。怒りの感情を抑えようとして、ただ「怒らないでくださいよ〜」と声かけするだけではWさんの気持ちはおさまらないでしょう。

怒っている理由がわからないと、うまく対応できないよ！

087

どうしたらいいの？ うまくいくコミュニケーションのポイントは？

ポイント 1　まじめな表情で対応する

　怒っている人に対応する際には、笑顔より、まじめな表情で対応したほうがよいでしょう。相手がいすに座っている状態であれば、目線が相手と同じになるように自分も座るか、相手より低い目線になるようにしゃがみましょう。非言語からも、誠実に対応しようとする気持ちが伝わるように配慮(はいりょ)します。

ポイント 2　怒っている人の話を聞く

　相手が怒って、興奮した状態にある場合には、「怒らないでくださいよ〜」などと、その感情を否定せずに、理由を聞くことが大切です。怒っている理由がわからなければ、適切に対応することはできません。

● 怒っている人への対応では、しっかり話を聞くことが大切です

　怒っている人に対応するときは、表情や目線などの非言語に配慮しましょう。上から目線でかかわると、相手は見下されているように感じるでしょう。目の高さを同じにするだけで、相手は安心して、落ち着いて会話をすることができます。
　一方的に「怒らないでくださいよ～」と、相手の感情を抑えようとするよりも、その人が怒っている理由を理解したいという気持ちで、話に耳を傾けることが大切です。

クレーム（苦情）対応のプロセス

　相手が介護職に対して怒っているときは、「でも……」「だって……」と正当化するような言い訳や、相手が話し終わらないうちに言葉を出すことは避けましょう。
　基本的な対応のプロセスは、ステップ①クレームを徹底的に聞く→ステップ②問題を確認する→ステップ③解決案・代替案を提示する→ステップ④必要に応じてフォローする、です。
　対応困難なケースは自分ひとりで解決しようとせずに、上司や先輩にすぐ報告して、指示を仰ぎましょう。

怒っている理由に耳を傾けるのが大切なんだね！

適切なコミュニケーションができると、利用者さんに信頼されるんだね!

Part 3 を読んで、自分の得意・不得意もチェックしてみよう!

Part 2
職員とのコミュニケーション

仕事がうまくいくコミュニケーションってどんなものなのかな？

職場の人間関係を振り返って、コミュニケーションをチェックしてみよう！

1 職場でよくある場面

1 聞きたいことがあると、つい相手の話に割り込んでしまう？！

考えてみよう！ どうして、先輩介護職Bさんはムッとしているのだろう？

　新人介護職Aさんは、先輩介護職Bさんから業務の説明を受けています。説明のなかで意味のわからない言葉があったため、すぐに、「それって、どういうことですか？」とBさんに質問しました。ところが、Bさんはムッとした表情をしています。

わからない言葉は気になって、すぐに確認したいよね！

でも、Bさんの説明が中断されちゃったよ。話の途中で聞かないといけないことだったのかな？

Part 2　職員とのコミュニケーション

> 確認しよう！　どこがダメなの？　何がダメなの？

チェック 1　説明を中断している！

「それって、どういうことですか？」などと話に割り込んでしまうと、相手の言葉をさえぎってしまいます。

チェック 2　突然、質問している！

説明の途中にもかかわらず、突然質問されたBさんは、話の腰を折られたと感じてしまうでしょう。

> 注意しよう！　こんなコミュニケーションをしてない？

・言葉をさえぎって、自分の意見を言う
・話の途中でも「でも」「だけど」と反論する
・「結局、何ですか？」などと話の結論を急ぐ

質問したり、意見を言ったりするのは、
先輩の話を最後まで聞いてからでも遅くないよ！

どうしたらいいの？ うまくいくコミュニケーションのポイントは？

ポイント 1　相手の言葉をさえぎらない

説明を受けているときや話を聞いているときに、「それは、どういうことだろう？」などと質問したいことがあっても、相手の話を中断しないようにすることが大切です。まずは話を聞くことに集中しましょう。

ポイント 2　質問するときは了解を得る

質問したいことがあるときは、説明がひととおり終わり、相手が「何か質問は？」と確認するまで待ちましょう。相手から最後に確認がない場合には、「質問してもよろしいですか？」と了解を得てから、質問するとよいでしょう。

意見を言うタイミング

質問するときだけでなく、意見を言うときも、相手の話をひととおり聞いてから伝えるようにしましょう。話の途中で、「そういうとき私だったら」「実は私も」などと、自分の話を持ち出すと、相手の話をとってしまう聞き方になります。

話をひととおり聞くことに
集中するのが大切なんだね！

● 相手の話をひととおり聞いてから、質問しましょう

職場では、先輩から業務の説明を受けたり、同僚の介護職から話を聞いたりする機会が多くあります。相手が話をしているとき、聞きたいこと（質問）や言いたいこと（意見）があっても、**話を最後まで聞きましょう**。

話をしっかり受け止めてから、質問したり、意見を伝えたりすると、相手も気持ちよく耳を傾けてくれるでしょう。このような**日々の丁寧（ていねい）なやりとりが、職場の人間関係を良好に**します。

やってみよう！ すぐにできるコミュニケーション＋α

相手が質問にこたえてくれたら、「○○ということなのですね」と復唱して確認しましょう。「そうですか」などと、聞きっぱなしにしないことが大切です。

「教えてくださって、ありがとうございます」と、お礼の一言も忘れずにね！

095

② 怒られたときに、つい笑ってしまう？！

ちゃんとまじめに聞いて！

考えてみよう！ どうして、先輩介護職Bさんは怒っているのだろう？

　新人介護職Aさんが、先輩介護職Bさんから注意されています。ところが、Aさんは笑っているような表情をしているので、Bさんは「ちゃんと、まじめに聞いて！」と怒ってしまいました。

笑顔は、うれしいときや楽しいときの表情だよね。Aさんは、注意されているのに、楽しいのかなあ？

Bさんは、Aさんが笑っているから、注意をまじめに聞いていないと思ったのかもしれないよ。

確認しよう！　どこがダメなの？　何がダメなの？

チェック 1　表情と感情にギャップがある！

　笑いの表情には、子どものかわいいしぐさを見て思わず微笑むような自然発生的な笑いと、こころを隠すための手段的な笑いがあります。苦々しい気持ちを隠す苦笑い、困惑したときの笑い、自分をごまかしているときの笑い、落胆やあきらめの気持ちから起こる笑いのように、手段的な笑いは表情と感情にギャップがあるため、誤解を招きやすいのです。

チェック 2　注意をされている場面で笑っている！

　笑顔は温かさややさしさを伝える表情ですが、いつも笑顔でいることがよいとは限りません。笑顔が不適切な場面もあります。まじめな話をしているときに、相手が笑っていたら、真剣さに欠ける表情と受け取られてしまうでしょう。

注意を受けているときには、どの表情が適切なのか、確認してみよう！

どうしたらいいの？　うまくいくコミュニケーションのポイントは？

ポイント 1　表情は感情と一致させる

　Aさんの笑いは、困惑した表情だったのかもしれませんが、Bさんには「へらへらしている表情」に見えたのかもしれません。困惑したときに、つい、くせで笑ってしまう人は、相手から誤解されないように、表情と感情を一致させるように心がけましょう。

ポイント 2　場面にふさわしい表情を意識する

　手段的な笑いがくせになっていると、笑顔がふさわしくない場面でもつい反射的に表情にでてしまいがちです。深刻な話をしている場面や反省する場面、あるいは悲しみの場面などでは、笑顔はひかえて、場面にふさわしい表情を意識しましょう。

表情

　顔にみられる表情は、非言語の代表といえます。非言語とは、主に身体的な表現を使ってメッセージを伝達する手段のことです。表情は言語に勝るとも劣らず、相手の気持ちにはたらきかけます。表情ひとつで、相手に安心感を与えることもできれば、逆に不信感を与えてしまうこともあるのです。

● 相手が真剣に話しているときは、真剣な表情で聞きましょう

　介護職の笑顔は、温かさややさしさを効果的に伝えるコミュニケーション手段です。「いつも笑顔を心がけています！」という介護職は、利用者からも、職員からも親しまれるでしょう。

　ただし、笑顔は万能ではありません。手段的な笑いや、**ふさわしくない場面での笑顔はトラブルの原因**にもなります。

　相手が真剣に話しているときは、真剣な表情で聞きましょう。楽しく話をしているときには楽しい表情で聞くと、こころが通いやすくなります。

コミュニケーションでは、
表情もとても大切なんだね！

表情が相手の感情に与える影響は大きいよ。
誤解のないようにしたいね！

言いたいことが、正確に伝わらない？！

考えてみよう！ どうして、新人介護職Cさんはとまどった表情をしているのだろう？

　新人介護職Aさんは、「利用者さんの様子をときどき確認してください」と新人介護職Cさんに伝えました。Cさんは「はい、わかりました」と返事をしましたが、とまどった表情をしています。

「はい、わかりました」って返事しているし、申し送り事項は、Cさんにちゃんと伝わったね！

でも、Cさんはとまどった表情をしているよ。本当は、何かわからないことがあるんじゃないかな？

Part 2 職員とのコミュニケーション

確認しよう！ どこがダメなの？ 何がダメなの？

チェック 1　あいまいな表現を使っている！

「ときどき」という表現をどのように解釈するのかは、人それぞれです。「ときどき」を30分ごととイメージする人もいれば、1時間ごとと解釈する人もいるでしょう。Cさんは、「ときどきって？」と、その解釈の仕方にとまどっているのかもしれません。

チェック 2　言葉が省略されている！

「利用者さんの様子」では、具体的に何を確認するのかが、Cさんに伝わりません。言葉を省略すると、Aさんの伝えたかったことと、Cさんが理解したこととにズレが生じやすくなります。

あいまいな表現

あいまいな表現とは、受け取る側によって解釈が異なる表現のことです。日常、よく使われているあいまいな表現には、以下の表のようなものがあります。

あいまい表現の種類	内　容
量の表現	「少し」「たくさん」「多め」「ちょっと」「多少」
サイズの表現	「大きめ」「小さめ」「長い」「短い」「高め」「低め」
時間の表現	「早く」「しばらくしたら」「すぐに」「あとで」
程度の表現	「まあまあ」「そこそこ」「とても」「すごく」「かなり」
指示語	「あれ」「これ」「それ」

🔴 どうしたらいいの？　うまくいくコミュニケーションのポイントは？

「30分ごとに利用者さんの体調確認を行ってください」と伝えましょう。

ポイント 1　具体的な表現で伝える

数字や数値、固有名詞を使って、誰が聞いても共通に理解できる表現で伝えましょう。「ときどき」はあいまいな表現ですが、「30分ごとに」と伝えると具体的な表現になります。

ポイント 2　情報は言葉で共有する

「利用者さんの様子を確認してください」とだけ伝えても、体調確認を行うことだと理解できる介護職もいるでしょう。一方で、「このぐらいのことは、言わなくてもわかるだろう」と考えて、言葉を省略した結果、伝えたかったことが伝わらず、誤解やトラブルに発展してしまうこともあります。わかってもらいたいことは、わかってもらえるように言葉を惜しまずに伝えましょう。

数字を使った表現にすると、具体的になるね！

Part 2　職員とのコミュニケーション

● 誰が聞いても、共通に理解できる表現を使いましょう

　「少し遅れます」「早めにお願いします」「後で連絡します」などのあいまいな表現をよく使っていませんか。あいまいな表現が口ぐせになっていると、正しく情報を伝えることができません。ふだんから、**具体的な表現を心がけましょう。**

　やってみよう！　すぐにできるコミュニケーション＋α

　数字や数値、固有名詞を使った具体的な表現として、次のように伝えてみましょう。
- 「少し遅れます」　→　「予定より、10分遅れます」
　　　　　　　　　　　「○時○分頃、到着します」
- 「早めにお願いします」　→　「○月○日までにお願いします」
- 「後で連絡します」　→　「○時に連絡します」

情報を正確に共有するためには、言葉を惜しまず、具体的に説明しよう！

103

つい言い方がきつくなってしまう?!

考えてみよう！ どうして、きつい言い方だと思われるのだろう？

　新人介護職Aさんは言い方がきつくなるときがあります。自分ではきついことを言っているつもりはありませんが、周囲から言い方が怖いと思われてしまい、職場の雰囲気が気まずくなることもあります。

「わかりました」って言っているだけなのに、何だか怒っているみたい。Aさんは厳しいことを言っているわけではないよね？

これじゃあAさんに話しかけるのが、怖くなっちゃうよ。使っている言葉ではなく、話し方に原因があるんじゃないかな。

確認しよう！　どこがダメなの？　何がダメなの？

チェック 1　　語尾を強めている！

　言葉の最初（語頭）や最後（語尾）の音を強めてしまうと、きつい言い方に聞こえます。このような話し方がくせになっていると、自分ではそのつもりがなくても、怒りや苛立ちなどの否定的な感情を周囲に伝えてしまうのです。

チェック 2　　早口で話している！

　「わかりました！　連絡すればいいんですね！」と早口で一気に伝えたときと、間をとりながら伝えたときとでは印象が違ってきます。早口ではあわただしい印象になり、周囲は声をかけにくいと感じるかもしれません。

語調

　話し方には人それぞれ個性がみられます。ふだんから声の大きい人もいれば、小さい人もいます。早口で話す人もいれば、ゆっくり話す人もいるでしょう。
　話す速度や、言葉に伴う声の大きさ・高さなど、話し言葉に伴う語調も、相手にさまざまなメッセージを伝えているのです。

> **どうしたらいいの？** うまくいくコミュニケーションのポイントは？

わかりました。（一呼吸）
連絡すればいいのですね。

ポイント 1　語尾をやわらげる

　語尾をやわらげて話してみましょう。「連絡すればいいのですね」の「ね」の音を短くつめると語尾が強調されてしまいます。「ね」の音を強めずに、少しだけ伸ばすとやわらかいトーンになります。

ポイント 2　間をとりながら話す

　間をとりながら伝えると、落ち着いた印象になります。利用者とのコミュニケーションでは、言葉の一つひとつをゆっくり、丁寧に伝える必要がありますが、介護職同士であればテキパキと行動することが求められることも多いでしょう。ゆっくり話す必要はありませんが、間を意識するだけで相手に与える印象が変わります。

● ふだんの言い方・話し方を、振り返ってみましょう

「わかりまし**たっ！** 連絡すればいいのです**ねっ！**」と「わかりました。(一呼吸おいて)連絡すればいいのですね」は同じ言葉ですが、そのときの言い方で相手に伝わるメッセージが違ってきます。

　話し方はその人の印象を決める要因の一つです。話し方には人それぞれ個性がみられますが、どのような話し方をする人に利用者は安心できるのか、そして、どのような話し方をする人に上司や同僚は信頼を感じるのかを意識してみましょう。

やってみよう！　すぐにできるコミュニケーション＋α

　早口な人は、話す速度を少し落として、間を置きながら、言葉の一つひとつを丁寧に発すると、落ち着きのある話し方になります。
　声が小さい人は、声を出すまえに、一度背伸びをして姿勢を正してみましょう。うつむきがちな姿勢や猫背の姿勢では声量が落ちてしまい、声に張りがなくなってしまいます。

一呼吸おくと、印象が全然違うね！

2 ついやってしまいがちな場面

1 他職種に何も言えない

考えてみよう！ どうして、言いたいことが言えないのだろう？

　新人介護職Aさんが、看護職Dさんから「それは、あなたの確認不足ですね」と指摘されました。
　Aさんはこころのなかで「私はちゃんと確認したのに」と思いましたが、ただ「すみません」とだけ言って、不満そうな表情をしています。

Aさんは、どうしてちゃんと確認したことを言わないのかな？「すみません」って言っているけど、不満そうな表情だよ。

本当は、自分の意見をちゃんと伝えたかったのかもね。自分の意見を上手に伝えるには、どうしたらいいのか考えてみよう！

確認しよう！　どこがダメなの？　何がダメなの？

チェック 1　ノン・アサーティブ行動をとっている！

　ノン・アサーティブ行動とは、自分の意見を抑えてしまう「言えない」行動のことです。言いたいことがあっても、言わないで我慢してしまうと、ストレスがたまるだけでなく、業務にも支障をきたしてしまいます。

チェック 2　言語と非言語が一致していない！

　Aさんは、言葉では「すみません」と言っていますが、不満そうな表情をしています。言語によるメッセージ（「すみません」）と、非言語によるメッセージ（不満そうな表情）が一致していないと、相手は混乱してしまうでしょう。

アサーティブ行動

　自分の思いや考えを上手に表現する行動を、アサーティブ行動（アサーション）といいます。アサーティブ（assertive）という言葉には「はっきり自己主張をする」という意味がありますが、自分本位の自己主張とは異なり、相手の立場や都合も考慮した行動をアサーティブ行動といいます。

どうしたらアサーティブになれるんだろう？

どうしたらいいの？ うまくいくコミュニケーションのポイントは？

「そうですね。私はこのように確認したのですが、今後の参考にしたいので確認するときのポイントを教えていただけますか？」と伝えましょう。

ポイント **1** 指摘をまず受け止める

反論したいときほど、相手の話を最後まで聞くことが大切です。「そうですね」と一度受け止めてから、自分の意見や考えを伝えます。

ポイント **2** 客観的な事実を伝える

「私はちゃんと確認しました」とだけ伝えても、理解は得られないでしょう。主観（自分だけの考え）を交えずに、どのように確認したのか、客観的な事実を伝えます。

ポイント **3** 助言を求める

今後、「確認不足」と指摘されないように、どうしたらよいのかを確認しておきましょう。「教えていただけますか？」と、指摘してくれた相手に助言を求めるとよいでしょう。

Part 2　職員とのコミュニケーション

● 主観を交えないで、客観的な事実を伝えましょう

　医師や看護師が医療の専門職であるように、介護職は介護福祉分野の専門職です。さまざまな職種と連携・協働してサービスを提供するためには、それぞれの職員が自らの専門性を身につけ、チームの一員としての役割を果たすことが求められます。
　ほかの職種からの意見や提案を受け止め、自分の意見や考えを上手に伝えることができるように、アサーティブ行動を身につけましょう。

　やってみよう！　すぐにできるコミュニケーション＋α

　仕事でミスをしてしまい、上司からそのミスを指摘されたときも、「私のミスです。申し訳ございません。どのように対処したらよいか、アドバイスをいただけますでしょうか？」のようにアサーティブ行動を実践してみましょう。

アサーティブになるには、「受け止める」「客観的な事実を伝える」「助言を求める」の三つが大切だよ！

2 つい言い過ぎてしまう

考えてみよう！ どうして、言っていることは正しいのに、その場の雰囲気を悪くしてしまうのだろう？

　新人介護職Aさんが、「手伝ってもらいたいことがあるんだけど…」と新人介護職Cさんに声をかけました。Cさんは、つい「急に言われたって困ります！　私も手いっぱいなんですから！」と強く言い返してしまい、その場の雰囲気を気まずくしてしまいました。

確かに、急に言われたら困るよね。私も言い返しちゃうかも。

Aさんは、強く言い返されてショックだったみたい。Cさんも何だか後味が悪そうだね。どうしたら雰囲気が悪くならないか考えてみよう！

Part 2　職員とのコミュニケーション

確認しよう！　どこがダメなの？　何がダメなの？

チェック 1　感情的に返事をしている！

つい感情的になってしまうと、声を荒らげてしまい、きつい言い方になりがちです。相手を萎縮させてしまい、その場の雰囲気を悪くしてしまうでしょう。

チェック 2　アグレッシブ行動をとっている！

アグレッシブ行動とは、言い過ぎ・やり過ぎの行動のことです。いくら正論でも、相手は「そんな言い方をしなくても」と傷ついてしまったり、「そこまで言わなくてもいいのに」と怒ってしまったりするのです。

「言い過ぎ」と「言えない」

自分の意見を伝えるときに、感情的になって相手を言い負かそうとしたり、自分の立場のみを過剰に主張したりすれば、言い過ぎてしまうでしょう。それを避けようとして相手の顔色ばかりうかがって、「自分が我慢すればすむ」「言わないほうが無難」と受け身的になると、自分の意見が言えなくなるのです。

「**アサーティブ行動**」（p.109）は「言い過ぎ」や「言えない」というコミュニケーションの問題を解決し、誠実で対等な人間関係をつくる効果的な方法といえるでしょう。

113

どうしたらいいの？ うまくいくコミュニケーションのポイントは？

「○時までに主任に指示された業務を終わらせなくてはいけないので、その後でもいいですか？」のように伝えましょう。

ポイント 1　自分の状況を伝える

「私も手いっぱいなんですから」では、何に手いっぱいなのかがわかりません。今、何を行っていて手いっぱいなのかを具体的に伝えましょう。

ポイント 2　相手の都合を確認する

自分の状況や業務の予定を具体的に伝えて、Aさんの都合を確認します。状況が理解できれば、Aさんも「今すぐでなくても大丈夫なので、○時以降に手伝ってもらえますか？」と歩み寄ることができるでしょう。あるいは、「ありがとう。でも急いでいるので、ほかの人に声をかけてみますね」という言葉が返ってくるかもしれません。

お互いに状況を確認することが大切なんだね！

● 歩み寄るための、情報交換をしましょう

　自分のことばかりを主張すると、自分ではそのつもりはなくても、アグレッシブ行動になってしまいます。一言、**相手の立場を考慮する**言葉があれば、自分のことも、そして相手のことも大切にする、アサーティブ行動になります。

　「私は今、このような状況ですが、あなたの都合はいかがですか？」あるいは「私はこのように考えていますが、あなたの考えはいかがですか？」などと、**自分と相手との間で、情報を交換**しましょう。相手は自分の状況や立場を配慮してもらえたことで、気持ちよく歩み寄ろうとしてくれるでしょう。

> **やってみよう！**　すぐにできるコミュニケーション＋α

　業務中に、同僚が「ちょっといい？　昨日帰宅したらね……」と自分のことを話し始めたときには、どのように行動すればよいでしょうか。「話の途中でごめんね。今すぐに、やらなくてはならない仕事があるので、話の続きは休憩のときに聞かせてもらってもいい？」のように伝えれば、お互いに歩み寄りができるでしょう。

アグレッシブ行動にならないように、相手の都合も確認しよう！

3 理解できていないのにわかったことにしている

考えてみよう！ 相手が伝えようとしていることが理解できないときは、どうしたらいいのだろう？

　新人介護職Cさんが、新人介護職Aさんに「利用者さんが昨日転倒しそうになって……」という出来事について話をしています。多くのことを一気に話されたAさんは、とりあえず、「そうなんですね」と返事をしておきましたが、話の内容をよく理解することができませんでした。

私も話を聞いた後に、「そうなんですね」「そうですか」と返事をすることって多いかな。

でも、Aさんは、本当はCさんが伝えようとしたことを理解できていないみたいだよ。Aさんは、わかったふりをしていたんだね。

Part 2 職員とのコミュニケーション

確認しよう！ どこがダメなの？ 何がダメなの？

チェック 1　聞きっぱなしにしている！

　日常、私たちがよく使っている「そうなんですね」「そうですか」は、**「あいづち」**（p.21）です。あいづちを打つだけで聞きっぱなしで終わると、相手は「私の話をどのように理解してくれたのだろう」と不安になります。

チェック 2　わかったことにしている！

　わかったことにしておけば、その場はうまくやり過ごすことができるかもしれません。しかし、後からコミュニケーションの行き違いの原因になることもあります。ちょっとしたコミュニケーションのズレであっても、それが積み重なると、人間関係上のトラブルに発展してしまうこともあるのです。

Aさんが、「そうなんですね」と返事をしたので、Cさんは理解してもらえたと思っているみたい。このままではよくないよね。

> **どうしたらいいの？** うまくいくコミュニケーションのポイントは？

「昨日転倒しそうになったので、今日は不安で落ち着かない様子なのですね」のように伝えましょう。

ポイント 1　話の要点を言葉で確認する

「そうなんですね」の「そう」の部分を言葉に置き換えてみましょう。「昨日転倒しそうになったので、今日は不安で落ち着かない様子なのですね」などと、自分が理解したことを言葉で確認します。「そうなんですね」では、「そう」が何を意味しているのかがわかりません。「……なことがあって、……だったのですね」「……だから、……なのですね」などと、話の要点を整理して返すとよいでしょう。これを要約の技法といいます。

ポイント 2　本当に伝えたかったことを聞く

話の要点がズレていると、「そういうことを言いたかったのではなくて……」などと、相手に訂正されてしまうこともあります。そのような場合には、相手が本当に伝えたかったことをその場で聞いておきましょう。

要約の技法

　要約とは、話の要点を、聞き手が整理して返すコミュニケーション技法です。うなずきやあいづちを示しながらひととおり話を聞いた後に、短い言葉で話の要点のみを返します。
　上手に要約するためには、相手が何を言いたいかを、整理しながら聞くとよいでしょう。

Part 2　職員とのコミュニケーション

● 理解できないときこそ、言葉で確認しておきましょう

　「そうなんですね」「そうですか」などと聞きっぱなしで終わると、相手が伝えようとしていることと、自分が理解したこととが違っていても、その行き違いに気づくことができません。ちょっとしたコミュニケーションのズレであっても、それが積み重なると、人間関係上のトラブルに発展してしまうこともあります。

　相手が何を伝えようとしているのかがわからないときには、**要約の技法で確認**する習慣をつけましょう。

やってみよう！　すぐにできるコミュニケーション＋α

　要約するときは、「○○なことがあって、××だったのですね」「○○だから、××なのですね」などと、相手の最も言いたかったことを確認します。

　「確認してもいいですか？」「間違っていたら、直して欲しいのですが」などと相手に伝えてから、要約を返すのもよいでしょう。

相手の話を要約して確認することが大切なんだね！

119

イライラしている相手に、感情的に言葉を返してしまう

考えてみよう！ 感情的になっている相手に、どう対応したらいいのだろう？

　先輩介護職Bさんは、業務が終わらない新人介護職Aさんに少しイライラしています。「まだ終わらないの？！　早くしてくれないと困るんだけど！」と感情的な言い方をされてしまい、Aさんはつい、「仕方ないじゃないですか！　やることがいっぱいあるんだから！」と感情的に言葉を返してしまいました。

こんな言い方されたら私も感情的になっちゃうかも。

イライラしている相手に、自分のイライラをぶつけると、火に油を注いでしまうよ！　どのように対応したらよいか考えてみよう！

確認しよう！　どこがダメなの？　何がダメなの？

チェック 1　相手のイライラに反応しない！

相手が感情的な言い方をしてきたからといって、自分も感情的に反応してしまうと、「売り言葉に買い言葉」になってしまいます。話がこじれてしまい、取り返しのつかない事態を招いてしまうこともあるかもしれません。

チェック 2　言い訳を言っている！

自分を正当化しようとする言葉は、言い訳と受け取られてしまい逆効果です。「仕方ないじゃないですか！」というAさんの言葉は、Bさんのイライラを増長させてしまうでしょう。

注意しよう！　こんなコミュニケーションをしてない？

・反抗的に「遅くて、すみません！」
・ムッとして黙る
・無視する
・ひたすら謝る「……すみません、すみません」

言葉を返さなくても、ムッとした表情で黙ったり、
相手を無視したりするのも、
感情的な反応なので注意しよう！

どうしたらいいの？ うまくいくコミュニケーションのポイントは？

「待たせてしまって、ごめんなさい。○時までには終わらせます」のように伝えましょう。

ポイント1　深呼吸して気持ちを落ち着ける

気持ちを落ち着けるために、まず深呼吸するとよいでしょう。口から息を吐いて、吐き切ったら自然に鼻から吸い込みます。このとき、「あ〜あ」というような、ため息にならないように注意しましょう。

ポイント2　こころのなかで6秒カウントする

イラッ、ムカッとしたときに、とっさに反射的な行動をとったり、感情的な言葉を返したりしないように、こころのなかで6秒カウントします。6秒分の言葉（大切な人の名前や座右の銘など）をつぶやいてみるのもよいでしょう。

ポイント3　相手の気持ちを受け止める

「待たせてしまって、ごめんなさい」と、先に相手の気持ちや考えを受け止めます。遅くなって申し訳ないという気持ちがあるときは、率直に「ごめんなさい」と伝えましょう。そのうえで、「○時までには終わらせます」と伝えると、相手に耳を傾けてもらいやすくなります。

深呼吸したり、6秒カウントしたりして、気持ちを落ち着けることが大切なんだね！

● 感情的にならない伝え方を、身につけましょう

　感情的になっている人に振り回されないように、ムカッとしたり、イラッとしたりしても、深呼吸して、気持ちを落ち着けましょう。6秒カウントしているうちに感情のピークは過ぎていきます。この場面のAさんのように、つい感情的に言葉を返してしまうと、後悔することになりがちです。

　可能であれば、その場から離れて感情を切り替え、**伝えたいことを冷静に整理**する時間をもちましょう。

アンガー・マネジメント

　怒りは誰でももっている自然な感情ですが、怒りについて悩みを感じている人は少なくありません。怒りの感情を上手にコントロールする方法として、近年、援助の現場で注目されているのがアンガー・マネジメントです。

　怒りの感情を抱いている人に、適切に対応する方法を学ぶことも大切ですが、同時に、自分の怒りの感情と上手に付き合っていく方法も身につけましょう。

ムカッとしたり、イラッとしたら、
トイレに行ったり、水を飲みに行ったりして、
感情を切り替えるといいよ。

3 一見よさそうに見える場面

1 同僚の愚痴に話を合わせている?!

考えてみよう! 同僚の愚痴に、どう返事をしたらよいのだろう?

　同僚のHさんのことについて、「すごい神経質でいやになっちゃう」と、新人介護職Cさんが愚痴をこぼしています。新人介護職Aさんは、Hさんのことを几帳面な人だと好意をもっていましたが、「確かにそうだよね～」とCさんに話を合わせてしまいました。

同僚と一緒に愚痴を言ったり、誰かの悪口を言ったりすると、会話が盛り上がるよね。どこがいけないんだろう?

これでは二人でHさんの愚痴を言っているみたいに見えちゃうよね。誤解をされない返事の仕方を考えてみよう!

Part 2 職員とのコミュニケーション

確認しよう！　どこがダメなの？　何がダメなの？

チェック 1　愚痴の内容に同意している！

Aさんは、「確かにそうだよね〜」と応答しています。ただ話を合わせているだけのつもりでも、周囲からは「二人でHさんのことを悪く言っていた」などと、誤解されかねません。Cさんも「AさんがHさんのことをいやになっちゃうって言ってた！」と誰かに話してしまうかもしれません。

チェック 2　ネガティブな感情をエスカレートさせてしまう！

Aさんが「確かにそうだよね〜」と同意すれば、次にCさんから出てくる言葉はさらにネガティブな表現になるでしょう。愚痴を言い合うと、ネガティブな感情をエスカレートさせてしまう可能性があります。

注意しよう！　こんなコミュニケーションをしてない？

・「なんでそんなことを言うの？」
・「そんな言い方はよくないよ」
・「そういう話は、聞きたくない」

「なんでそんなことを言うの？」と、頭ごなしに批判されると、Cさんは「この人には話さなければよかった」って怒っちゃうよね！

125

どうしたらいいの？ うまくいくコミュニケーションのポイントは？

「確かに神経質なところがあるよね。几帳面だからかもね」と伝えましょう。

ポイント 1　相手の考え方をまず受け入れる

「神経質なところがあるよね」と相手の話を受け入れましょう。「すごい神経質」というCさんの言葉も、一つの見方・考え方ととらえるとよいでしょう。

ポイント 2　別の見方も提示してみる

　一見、短所と思えるような特徴（とくちょう）も、見方を変えればその人の長所だったりします。「Hさんは神経質」と否定的にとらえているCさんに、「几帳面だからかもね」と肯定的な見方も提示してみましょう。ポジティブな見方を押しつけるのではなく、短所と長所の両方から、その人全体をとらえることが大切です。

🌱 リフレーミング

　事実をどのように意味づけ、解釈（かいしゃく）するかは、それを受け止める側の枠組み（フレーム）によって異なります。一つの方向からしか見ていなかった枠組みに、新しい意味を付与するときに有効なのがリフレーミングです。

　リフレーミングとは、すでにその人がもっている意味づけや解釈を、異なる視点でとらえ直すための技法です。

126

● 愚痴を聞いたら、リフレーミングしてみましょう

　介護職同士で愚痴を言い合うと、その場は会話が盛り上がったり、気持ちがすっきりしたりすることもあるでしょう。その一方で、ネガティブな感情がエスカレートしてしまい、不平・不満が増幅してしまうこともあるのです。
　押しつけにならない程度に、**ポジティブな見方・とらえ方をリフレーミング**してみるとよいでしょう。

> **やってみよう！**　すぐにできるコミュニケーション＋α

　同僚との会話をイメージして、リフレーミングした応答を考えてみましょう！
・「なんか、主任の○さんって厳しくないですか」
　応答例：「主任は、責任感が強い人だからかもね」
・「新人の○さんって、お調子者だよね」
　応答例：「○さんは、場の雰囲気を明るくする人だね」
　　　　：「ノリがいいよね」
・「同僚の○さんって、おせっかいなところがあるよね」
　応答例：「○さんは、気づかいができる人なのかもね」
　　　　：「人のことをほおっておけない性格なのかな」

リフレーミングすると、ポジティブに見えるね！

2 言葉を省略して、簡潔に伝える？！

考えてみよう！ どうして、先輩介護職Bさんは「？（疑問）」の表情をしているのだろう？

　新人介護職Aさんが「明日、やっておきます」と、先輩介護職Bさんに伝えました。ところが、Bさんは「？（疑問）」の表情をしています。

Aさんは、簡潔に伝えていると思うなあ。どうして伝わらなかったんだろう？

「明日、やっておきます」だけだと、何をやるのかがわからないよ。Aさんは、言葉を省略しすぎちゃったんじゃないかな。

Part 2　職員とのコミュニケーション

確認しよう！　どこがダメなの？　何がダメなの？

チェック 1　「誰が」が省略されている！

「明日、やっておきます」のように、話し言葉では「私が」を無意識のうちに省略してしまいがちです。

チェック 2　「何を」が省略されている！

「誰が」だけでなく、「何を」まで省略してしまうと、言葉足らずの伝え方になるでしょう。相手も当然わかっているはずと思い込んでしまい、「やっておきます」とだけ伝えると、相手は別のことを想像してしまうかもしれません。

注意しよう！　こんなコミュニケーションをしてない？

記録や報告書などで情報を伝達するときは、5W1Hを意識して書くとよいと言われていますが、口頭で伝えるときは六つすべてを含めようとすると、かえって伝わりにくくなってしまいます。

5W1Hをすべて含めて伝えようとすると、詰め込みすぎの言い方になるので要注意だよ！

どうしたらいいの? うまくいくコミュニケーションのポイントは?

「明日、私が○○さんのご家族に電話します」のように伝えましょう。

ポイント 1　誰が、何をするかを伝える

「明日、私が○○さんのご家族に電話します」のように、「誰が」と「何を」をはっきりさせると、相手に正しく伝わります。正確に伝えるためには、この二つをまず意識しましょう。

ポイント 2　いつ、どこで、誰が、なぜ、どのようには状況に応じて伝える

状況に応じて、いつ、どこで、誰が、なぜ、どのように、をプラスするとよいでしょう。

Part 2　職員とのコミュニケーション

●「誰が」と「何を」をはっきり伝えましょう

　コミュニケーションでは自分と相手との間でメッセージを共有することが大切であり、そのためには**正確に伝える力が不可欠**です。簡潔に伝えようとして言葉を省きすぎてしまったり、相手もわかっているはずと思い込んで説明を端折ってしまったりすると、相手に正しく理解してもらうことができません。

　正確に伝えるためには、**「誰が」と「何を」の二つをいつも意識**しましょう。

やってみよう！　すぐにできるコミュニケーション+α

　介護職同士であれば、専門用語やその略語を使うことで、簡潔に情報を伝えることができますが、それらの言葉を理解していない利用者や家族には、日常的な表現や具体的な例を使って説明するほうが、理解してもらいやすくなります。

　相手に合わせて、相手が理解できる言葉を選ぶと伝える力がさらに高まります。

基本は「誰が」と「何を」だね！

131

言葉をそのままの意味として受け取っている？！

考えてみよう！ どうして、新人介護職Cさんは暗い表情をしているのだろう？

　新人介護職Cさんが、「片づけは私が一人でやっておくから大丈夫よ……」と新人介護職Aさんに言いました。Aさんは、「ありがとう〜。助かる！」と明るく返事をしましたが、Cさんは暗い表情をしています。

Cさんが一人で片づけてくれると助かるよね！「ありがとう」って返事したらいけなかったのかな？

片づけを引き受けてくれたのに、何だかCさんの様子が変だよね。Cさんの言葉の意味を考えてみよう！

Part 2　職員とのコミュニケーション

確認しよう！　どこがダメなの？　何がダメなの？

チェック 1　非言語に注意を向けていない！

　Aさんは、Cさんの暗い表情に気がついていません。会話をするときは、相手の言葉を聞くだけでなく、表情や目つき、しぐさなどの「**非言語**」（p.157）にも注意を向けることが大切です。非言語にも注意を向けてみると、言葉には表現されていない、その人の感情が表れることがあります。

チェック 2　言葉に対する返事をしている！

　「片づけは私が一人でやっておくから大丈夫よ」と言うCさんの言葉に対して、「ありがとう」や「助かる」などの返事は適切でしょう。しかし、Cさんの感情にも注意を向けてみると、「ありがとう」と明るく返事をすることに違和感を覚えるでしょう。

Cさんは、どんな気持ちで「大丈夫よ……」と言ったのかな？

133

どうしたらいいの？ うまくいくコミュニケーションのポイントは？

「元気がないみたいだけど、何かあった？」のように伝えてみましょう。

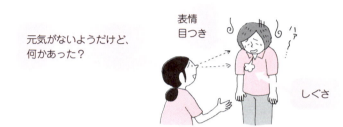

ポイント1　言語と非言語に注意を向ける

Cさんのように言語（「大丈夫よ……」）と非言語（暗い表情）が一致せず、矛盾（むじゅん）が見られたら、非言語によって伝えられるメッセージに注目してみましょう。暗い表情から、言葉に表現されていない悩みや心配、不安など、こころの声が伝わってきます。

ポイント2　感情に対して言葉をかける

Cさんは、業務を抱え込んでしまい、ストレスを感じているのかもしれません。あるいは、本当は手伝ってもらいたいのに、うまく言い出すことができずに、「私が一人でやっておくから」と声をかけたのかもしれません。「元気がないみたいだけど、何かあった？」と、Cさんの気持ちにはたらきかける言葉をかけてみましょう。

● 言葉に伴う感情にも注意を向けてみましょう

　この場面でCさんは、「大丈夫よ……」と言いながらも暗い表情をしていました。
　表情に注意を向ければ、悩みや心配などこころの声を読みとることができ、適切な言葉をかけられるでしょう。
　言葉で表現された話の内容にばかり目を向けていると、コミュニケーションが表面的なやりとりになりがちです。**感情にも注意を向けてみる**と、コミュニケーションを深めることができるのです。

会話の構成要素

　会話で重要なのは、話の内容と、その話に伴う感情です。
　相手の言葉に耳を傾けるとともに、相手の表情、目つき、しぐさなどを観察します。言葉を発するときの抑揚や強弱などからも、そのときの相手の感情をとらえることが大切です。

言葉だけじゃなくて、表情やしぐさなどを観察することも大切なんだね！

4 大切なことは話の最後に伝える?!

なんだか元気がない様子で……私も心配で。

今日、Tさんのご家族から電話があって、たぶん先日相談されていたことについて……

それで、主任から連絡をいただきたいと言っていました。

結論から先に言って!

考えてみよう！ どうして、結論から先に言ったほうがよいのだろう？

　新人介護職Aさんが、主任のEさんに利用者Tさんの家族から電話があったことを連絡しています。Aさんは自分が推測したことや、感じたことなどをひととおり話してから、「主任から連絡をいただきたいと言っていました」と最後に伝えたところ、Eさんから「結論から先に言って！」と注意されてしまいました。

Aさんは詳細に伝えようとしたんだね。でも、なんで注意されちゃったのかなあ？

Aさんが一番伝えたかったのは、「主任から連絡をいただきたいと言っていました」ということだよね。それをうまく伝える方法を考えてみよう！

確認しよう！ どこがダメなの？　何がダメなの？

チェック 1　細かい説明に時間を費やしている！

　伝えることが上手でない人は、最初に細かくすべてを説明しようとする傾向があります。それでは、話が長くなり、結論に到達するまでに時間がかかってしまいます。

チェック 2　大切なことが話の最後に伝えられている！

　細かくすべてを説明しようとすると、聞き手は頭のなかで「何の話をしようとしているのかな」と考えてしまい、話を聞くことに集中できません。聞き手のなかには、何が言いたいのかがわからずイライラしたりする人もいるでしょう。

客観的事実

　客観的事実とは、実際にあった出来事や見たこと、聞いたこと、観察したことを指します。
　その事実を伝えるときは、自分がその事実に対して思ったことや感じたこととは区別することが大切です。

どうしたらいいの？ うまくいくコミュニケーションのポイントは？

「今日、利用者のTさんのご家族から電話があって、主任から連絡をいただきたいと言っていました。」のように伝えましょう。

ポイント1　大切なことは先に伝える

まず、最も伝えたいことや結論を伝えましょう。最初に伝えたことが、一番強く、相手の印象に残ります。その後、経緯や理由などの詳細を必要に応じて説明するとよいでしょう。

ポイント2　伝えたいことは、短く簡潔に伝える

すべてのことを説明しようとすると、かえって要点がわかりにくくなります。客観的事実を中心に伝えましょう。この場面では、利用者のTさんのご家族から電話があったこと（実際にあったこと）、主任から連絡をいただきたいと言っていたこと（実際に家族が言っていたこと）を簡潔に伝えるとよいでしょう。

最初に伝えたことが一番印象に残るんだね！

● 1番目に「最も大切なこと」を伝えましょう

 最も大切なことや結論を先に伝えます。その理由や結論に至った経緯などの詳細は、そのあと説明するとよいでしょう。

 また、伝えたいことは、**短く簡潔に**伝えましょう。伝えたいことが二つ以上あるときは、「お伝えしたいことは〇つあります」などと、その数を先に示します。いくつあるのかがわかっていれば、聞き手は、もらさず受け取ることができます。

 自分が伝えたいように話したり、場当たり的に話をしたりすると、自分本位の伝え方になりがちです。どのように伝えれば理解しやすいかを、相手本位で考えることが大切です。

やってみよう!　すぐにできるコミュニケーション＋α

 伝える前に、相手の都合をたずねる一言をプラスしてみましょう。「今、お話してもよろしいでしょうか?」などと相手の状況を確認して了解を求めます。このような心づかいの一言があると、その後、こころよく話を聞いてもらえます。

伝えたいことがたくさんあるときは、その数を先に示したり、相手の都合を聞いておこうね!

上司への報告は求められたときにしている？！

報告がまだだけど、指示したことは終わりましたか？

はい、終わっています。指示どおりにちゃんとやったので報告しませんでした。

考えてみよう！ どうして、主任Eさんはあきれた表情をしているのだろう？

　新人介護職Aさんが主任Eさんから、「報告がまだないけど、指示したことは終わりましたか？」と声をかけられています。指示された業務は終わっていましたが、特に問題はなかったので、AさんはEさんに報告していませんでした。Aさんが報告しなかった理由を伝えたところ、Eさんはあきれたような表情をしています。

ちゃんと指示されたとおりに業務を終わらせていたのに、Eさんはどうして、そんな表情をするのかなあ？

特に問題がなくても、終わったことは報告しなきゃいけないよ！

140

Part 2 職員とのコミュニケーション

確認しよう！　どこがダメなの？　何がダメなの？

チェック1　上司から確認されている！

　報告がなければ、上司はその業務が終了したかどうかを判断することができません。上司から確認される前に、タイミングよく報告を行う必要があります。

チェック2　問題はないと自己判断している！

　指示されたとおりにできたと、自分では思っていても、自己判断は危険です。指示者である上司に確認を求めましょう。上司に確認してもらうことで、自分では気がつかなかったミスが発見できることもあります。

報告・連絡・相談

　職員間のコミュニケーションにおいて、情報の流れを円滑にするために欠かせないのが「報連相（ほうれんそう）」と呼ばれている報告・連絡・相談です。チームメンバーが互いに業務の進捗や経過について連絡し合い、判断に迷ったときは相談し、業務が完了したら報告することで、メンバー間の意思疎通がよくなります。

どうしたらいいの？ うまくいくコミュニケーションのポイントは？

「指示された業務が終わりましたので、確認をお願いします」のように伝えましょう。

ポイント1　指示された業務が終了したら必ず報告する

上司や先輩から指示された業務に対して、その経過や結果を報告する必要があります。指示された業務は、終了したことを指示者に報告してはじめて完結したといえます。長期的な業務の場合は、進捗状況を報告することも大切です。

ポイント2　重要と思われる情報も報告する

終了したことを報告するだけでなく、業務中に気づいたことがある場合や、利用者に関する重要な情報を得た場合なども、上司に報告するようにしましょう。

支援を行うなかで問題が発生したときは、上司にすぐ報告しよう！

● 指示された業務は、終了したら指示者に報告しましょう

「**報告・連絡・相談**」（p.141）は、上司や同僚と良好な関係を保ち、また業務を円滑に行うためにも、重要なコミュニケーションです。
職場内の情報の流れを円滑にするために、日々の報告は丁寧に行いましょう。業務を行うなかで前に進むことができなくなったときには、途中経過を上司に報告して、相談することが大切です。一人で抱え込んでしまい、疑問や迷いを抱えたままでは、利用者によい支援をすることはできません。

やってみよう！　すぐにできるコミュニケーション＋α

苦情やトラブル、事故などが生じたときには、自分一人で解決しようとせずに、すぐ上司に報告して判断を仰ぐ必要があります。その際には、「すぐに報告したいことがあるのですが、今よろしいでしょうか」などと緊急性の高い内容であることを伝え、その場で報告を受けてもらえるようにしましょう。

指示されたことは、確実に報告することが大切なんだね！

Part 3
自分の強みをいかす

私の
コミュニケーションは
どんなタイプ
なのかなあ？

自分にあった
強みのいかし方や
苦手克服を
学んでみよう！

あなたの強みはなに？

　介護の現場には、さまざまな個性をもつ人が集まっています。介護職のなかにも、多様な個性がみられるでしょう。先頭に立って行動する人もいれば、人と協調することを大切にする人もいます。話すことが好きな人もいれば、聞き上手な人もいるでしょう。一人ひとりが唯一無二の存在ですが、本書では、人間に共通してみられる五つの性格特性（ビッグファイブ）を参考にして、五つのコミュニケーションタイプに分けてみました。

　五つの性格特性（ビッグファイブ）とは、人間のパーソナリティには、外向性、協調性、勤勉性、情緒安定性、知性の五つの特性があるという考え方です。私たちは誰でも、この五つの特性をもっていますが、それぞれの特性をどの程度もっているかには個人差がみられます。例えば、内向的な人は、外向性という特性をもっていないのではなく、その特性の量が少ないと考えるのです。

　自分のタイプの強みを知って、利用者や職員とのコミュニケーションにいかしましょう！

自分のタイプを知ろう！

　以下の質問を読んで、当てはまるものに✔（チェック）をつけてください。深く考え込まずに、直感で当てはまるものを選んでみましょう。✔の数が最も多かったものが、あなたのタイプです。複数のタイプで✔の数が同じになった場合には、各タイプの説明を読んで、一番自分に近いと思われるものを選びます。

146

Part 3　自分の強みをいかす

タイプ 1		
①	どちらかと言えば、心配性ではありません。…………………	☐
②	あまり緊張しないほうです。……………………………………	☐
③	想定外のことが起きても、あまりあわてません。……………	☐
④	マイペースだと思います。………………………………………	☐
⑤	細かいことは、あまり気になりません。………………………	☐
⑥	イライラしないほうです。………………………………………	☐
⑦	ストレスを感じることは少ないほうです。…………………	☐
⑧	人と競争するという気持ちはあまりもたないほうです。……	☐
⑨	書類などの提出物は、いつも期限ギリギリになりがちです。………………………………………………………………	☐
⑩	待つことは、それほど苦痛ではありません。………………	☐
	✔の数………☐/10	

➡タイプ1に当てはまる人は p.150 を読んでみよう！

タイプ 2		
①	仕事や勉強には熱心に取り組みます。………………………	☐
②	徹底的にやるほうです。…………………………………………	☐
③	飽きっぽいほうではありません。……………………………	☐
④	責任感は強いほうだと思います。……………………………	☐
⑤	筋道を立てて物事を考えるほうです。………………………	☐
⑥	目標をもって、適切なやり方で取り組みます。……………	☐
⑦	旅行をするときは、予定をきっちり決めて行動します。……	☐
⑧	役割はきちんと果たします。…………………………………	☐
⑨	どちらかと言えば、まじめなほうです。……………………	☐
⑩	中途半端でやめることは好きではありません。……………	☐
	✔の数………☐/10	

➡タイプ2に当てはまる人は p.154 を読んでみよう！

タイプ3

① 思いやりがあるほうだと思います。 …………………………… ☐
② 人をすぐ信用します。 ………………………………………… ☐
③ 誰にでも親切にするように心がけています。 ……………… ☐
④ みんなで決めたことは、できるだけ協力します。 …………… ☐
⑤ どちらかと言えば、人情にあついほうです。 ………………… ☐
⑥ 人の立場になって考えるように心がけています。 ………… ☐
⑦ 人助けのためなら、大変そうなことでもやります。 ………… ☐
⑧ 人がどう感じているのかに敏感なほうです。 ……………… ☐
⑨ 自分のことより、相手のことを優先することが多いです。… ☐
⑩ 周囲の意見が気になります。 ………………………………… ☐

✔の数 ……… ☐/10

➡タイプ3に当てはまる人は p.158 を読んでみよう！

タイプ4

① 問題をしっかり検討してから実行に移します。 …………… ☐
② 先のことを見通すことができるほうです。 ………………… ☐
③ いろいろな分野の言葉を知っています。 …………………… ☐
④ 問題の分析は、苦手ではありません。 ……………………… ☐
⑤ 物事を広く知っているほうだと思います。 ………………… ☐
⑥ 多くの人が動揺するときでも、落ち着いて対処できます。… ☐
⑦ 好奇心旺盛です。 ……………………………………………… ☐
⑧ 考えることは嫌いではありません。 ………………………… ☐
⑨ 新しいことを体験することに関心があります。 …………… ☐
⑩ いつもと違ったやり方が思いつくほうです。 ……………… ☐

✔の数 ……… ☐/10

➡タイプ4に当てはまる人は p.162 を読んでみよう！

Part 3　自分の強みをいかす

タイプ 5	① 人と比べると、話し好きなほうです。……………………………	□
	② どちらかと言えば、にぎやかな性格です。……………………	□
	③ 人付き合いは積極的なほうです。…………………………………	□
	④ すぐ友達ができるほうです。………………………………………	□
	⑤ 元気いいね、とよく言われます。…………………………………	□
	⑥ 人と比べると、活発に行動するほうです。……………………	□
	⑦ 人前で話をすることは、苦手ではありません。………………	□
	⑧ 流行に敏感です。……………………………………………………	□
	⑨ 考えるより、まず行動することが多いです。…………………	□
	⑩ どちらかと言えば、目立つほうです。…………………………	□
	✔の数………□/10	

➡タイプ5に当てはまる人は p.166 を読んでみよう！

149

1 タイプ1のあなたは……「自分のペースで行動する人」

　利用者のFさんは、テーブルの上に置いてあった湯呑み茶碗を、うっかり倒してしまいました。湯呑み茶碗のなかに残っていたお茶が、テーブルの上にこぼれてしまい、Fさんの服も濡れてしまったようです。ほかの職員はあわてていますが、介護職のAさんは、「すぐタオルを持ってきますね」とあわてずに、落ち着いてFさんに声かけしています。

Fさんは、Aさんの落ち着いた態度に安心したみたい！

Aさんは、どんなときも「自分のペースで行動する人」だよ。急なトラブルや想定外の出来事が起きても、ほかの人のようにあわてないで、落ち着いて対応しているよ。

> ここが強み

- 周囲に流されない
- 情緒的に安定している
- くつろいだ雰囲気がある
- 動揺せずに、冷静沈着
- ストレスへの対処が上手

タイプ1の「自分のペースで行動する人」は、周囲に振り回されたり、緊急事態にあわてたりすることが少ないから、ストレスを強く感じないタイプともいわれているよ。

　タイプ1の強みをいかすのは、**受け止めるコミュニケーション**です。

> 利用者とのコミュニケーションでは

　タイプ1のあなたは、利用者の言葉や態度に左右されることなく、誰に対しても落ち着いた態度で接することができるでしょう。ほかの介護職がつい感情的に対応してしまいやすい利用者にも、タイプ1のあなたは、自分の感情を上手にコントロールして接することができます。

> 職員とのコミュニケーションでは

　タイプ1のあなたは、いつもリラックスして仕事に取り組めることが大きな強みといえるでしょう。急なトラブルや想定外の出来事が起きても、落ち着いて考え、行動するあなたの存在が、その場の緊張した雰囲気をやわらげます。

ここが苦手かも？

　時間に追われているときでも、自分のペースで行動してしまい、周囲から「マイペースすぎる」と思われてしまうこともあるでしょう。感情をあまり表に出さないので、「場の空気が読めない人」「鈍感な人」といった誤解を与えてしまうこともありそうです。

苦手を克服

ポイント **1**　相手のペースも意識する

　自分に合ったペースで行動できるのはタイプ1の強みですが、相手のペースも意識してみましょう。ゆっくりと話をする利用者には、おだやかに、静かに話を聞くと、ペースを合わせることができます。急いで何かを伝えようとしている同僚には、テキパキした対応を心がけて、相手と波長を合わせていくとよいでしょう。

ポイント **2**　感情を言葉で表現する

　情緒的に安定していることもタイプ1の強みです。自分の感情を上手くコントロールできるからこそ、相手にはあなたの思っていることが伝わりにくく、「何を考えているのだろう」などと思われがちです。あなたが思っていることや感じていることを、もっと言葉で表現するとよいでしょう。

Part 3　自分の強みをいかす

● **タイプ1はゆとりのある態度で、利用者にくつろいだ雰囲気を提供できる人**

　タイプ1は、利用者にくつろいだ雰囲気(ふんいき)を提供できる人です。忙しさが介護職の表情や動作に表れてしまうと、利用者は安心することができません。あなたの強みをいかして、利用者には、いつも落ち着いた態度で対応しましょう。その分、職員間で行う業務では、時間を意識して、効率よく作業することも求められます。自分のペースを大切にするだけでなく、相手のペースも尊重(そんちょう)できると、コミュニケーション力がぐんとアップします。

　ペーシング

　ペーシングとは、相手と波長を合わせるための技法です。相手の話すペースや動きのペースに合わせて反応してみましょう。ペースが合うと、相手は安心することができます。

タイプ1の人は、時間制限や効率アップには無頓着(むとんちゃく)になりがちだよ。周囲のペースに合わせることも必要だよ。

２ タイプ２のあなたは……「するべきことをコツコツやる人」

　介護職のBさんは、利用者の衣服をきれいにたたんでいます。その作業を見ていた利用者のGさんは、「Bさんは、いつもちゃんとしているのね」と感心して、声をかけてくれました。Bさんは、少し笑顔になって、「当たり前のことをしているだけですから」と返事をしています。

Bさんは利用者さんに信頼されているんだね！

Bさんは、「するべきことをコツコツやる人」だよ。どんな仕事にも熱心に取り組むことができるよ。

Part 3　自分の強みをいかす

ここが強み

・何事にも熱心に取り組む
・途中で投げ出さない
・几帳面（きちょうめん）
・努力家
・責任感が強い

タイプ2の「するべきことをコツコツやる人」は、どんな業務にも一生懸命（いっしょうけんめい）取り組む努力家さんで、目標も高いよ！

　タイプ2の強みをいかすのは、**気づきをいかすコミュニケーション**です。

利用者とのコミュニケーションでは

　タイプ2のあなたは、相手の心身の些細（ささい）な変化にも敏感（びんかん）に気づくことができるでしょう。ふだんのその人をしっかり観察しているので、いつも元気な利用者の表情が曇（くも）っていたりすると、いつもと違うことにすぐ気づくはずです。「何かありましたか？」「どうかしましたか？」などと、その違和感を明確にする言葉をかけてみましょう。

職員とのコミュニケーションでは

　タイプ2のあなたは、客観的な視点にもとづいて、無駄（むだ）のない言葉や適切な行動を選ぶことができるでしょう。話し合いの場面では、ファシリテーター役（司会進行役）に向いています。感情論に走らず、議論すべきことを合理的に話し合うように、上手に舵取（かじと）りができるでしょう。また、報告書や記録を作成するときにも、客観的な視点にもとづいて、事実そのままを的確に表現することができるのも大きな強みです。

155

ここが苦手？

　的確な言い方や、真摯に仕事に向き合う姿勢から、「まじめすぎる」「話しかけにくい」といった印象をもつ人もいるかもしれません。

苦手を克服

ポイント **1**　　表情と言い方から印象をやわらかくする

　「何かありましたか？」「どうかしましたか？」などと言葉かけをしても、抑揚のない言い方では事務的な対応と思われるでしょう。そのとき、あなたが無表情だったりすると、気持ちが伝わらず、言葉だけが空々しく表面的に聞こえてしまいます。

　話しかけやすい雰囲気をつくる表情は、やはり笑顔といえるでしょう。無理に笑顔をつくらなくても、口角（唇の両端）を少し上げることを意識すると表情がやわらかくなります。

ポイント **2**　　上手な伝え方を意識する

　タイプ２の人には、「〜すべき」「〜しないといけない」と考える傾向がみられます。例えば、約束を守らない相手に対して、「約束は守るべき！」と思ったときは、自分の考えではなく、気持ちを伝えましょう。「約束は守ってほしいです」「約束を守っていただけるとうれしいです」などと伝えてみましょう。あなたの気持ちを伝えると、相手も受け入れやすくなります。「約束は守ってください」と伝えると、指示的な言い方になるので注意しましょう。

Part 3　自分の強みをいかす

● **タイプ2は、責任感が強く、利用者から信頼される人**

　プロ意識が高く、仕事にも、利用者にも、まじめな態度で向き合うことができるのはタイプ2の強みですが、ときどき肩の力を抜いて、余裕のある態度も表現してみましょう。

　信頼できる人だからこそ、あなたと話をしたい利用者や、仕事を任せたい上司、助言してもらいたい同僚や後輩がいるはずです。「話しかけにくい」「仕事中に声をかけたらわるいかな」などと思われてしまうことがないように、ふだんの表情や言い方を意識してみるとよいでしょう。

言語・非言語

　言葉によって伝達されるメッセージは、コミュニケーション全体の2〜3割であるのに対して、言葉以外の手段による伝達が7〜8割を占めています。日常のコミュニケーションにおいて、声のトーン、言い方、表情、目線などの非言語が重要な役割を担(にな)っていることがわかるでしょう。

タイプ2の人は、いつも熱心に仕事に取り組んでいるから、周囲は「話しかけないほうがいいかな」などと思ってしまうよ。話しやすい雰囲気(ふんいき)を意識するといいよ。

157

3 タイプ3のあなたは……「人間関係を優先する人」

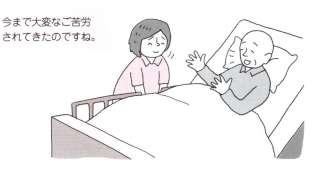

　介護職のCさんは、利用者のHさんの話を聞いています。Cさんは、やさしい表情と、おだやかな口調で、「今まで大変なご苦労をされてきたのですね」とHさんに声をかけて、共感を示しました。

利用者さんは、Cさんに共感してもらって、気持ちが楽になったみたいだよ！

Cさんは、一緒にいるとほっとできるいやし系のタイプだよ。「人間関係を優先する人」だから、利用者さんにやさしいだけでなく、同僚にも親切だよ。

> Part 3　自分の強みをいかす

ここが強み

- やさしくて、温かみがある
- 人と協調する努力を惜しまない
- 人の期待にこたえようとする
- 相手の立場で考える
- 人を援助することが好き

> タイプ3の「人間関係を優先する人」は、周囲の人の気持ちに敏感だから、やさしくて温かみのある人が多いよ！

タイプ3の強みをいかすのは、**共感するコミュニケーション**です。

利用者とのコミュニケーションでは

　タイプ3のあなたは、相手の感情を理解し、その気持ちにやさしく寄り添うことができるでしょう。「話し上手」というより「聞き上手」なので、話を聞いてもらった利用者は気持ちが楽になり、こころがいやされたと感じるはずです。ほかの人には話しづらいことでも、きっとあなたには、安心して話をしてくれるでしょう。

職員とのコミュニケーションでは

　タイプ3のあなたは、「聞き上手」「共感上手」なので、同僚や後輩から悩みを打ち明けられたり、相談事をもち込まれたりすることが多いでしょう。誰に対してもあなたの態度が変わることはありません。いつもやさしく柔和な表情と口調で、丁寧な対応ができるのは大きな強みです。人間関係を大切にするあなたは、先頭に立って行動するより、人と人をつなげる調整役や、裏方でサポートするフォロー役が向いています。あなたの気づかいや献身に、周囲も助けられていることが多いはずです。

ここが苦手？

　相手に強く主張されると、いやだと思ってもはっきりと断ることができずに、無理をしてしまいがちです。また、対立を避けようとするあまり、周囲から「八方美人」「優柔不断な人」と思われてしまうこともあるでしょう。

苦手を克服

ポイント **1**　　援助につながる一言をプラスする

　「今まで大変なご苦労をされてきたのですね」などの共感的応答に、意欲を引き出す言葉をプラスしてみましょう。「これからは、どのように過ごしたいですか？」「やってみたかったことは何ですか？」などと、利用者の想いを援助につなげる言葉をかけてみましょう。話に熱心に耳を傾け、共感してくれたあなたの言葉だからこそ、利用者も前向きに受け入れてくれるでしょう。

ポイント **2**　　アサーティブ行動を取り入れる

　人と人とをつなげる調整役では、言いにくいことも相手に伝えなくてはならないときもあるでしょう。そのような場面では、自分の思いや考えを上手に表現する「**アサーティブ行動**」（p.109）を取り入れてみましょう。「あなたはそう考えているんですね。一理ありますよね」と、相手の立場に理解を示してから自分の意見を伝えると、聞き入れてもらいやすくなります。ストレートな言い方を避けたいときは、クッション言葉を使うとよいでしょう。

160

Part 3　自分の強みをいかす

● **タイプ3は、誰からも好かれる、やさしくて、温かい人**

　献身的に人をサポートできるのはタイプ3の強みですが、言いたいことが言えなくて、いつも我慢していたり、無理をしていたりすると、ストレスがたまってしまいます。

　ストレスをため込まずに、良好な人間関係を維持していくためには、自分の思いや考えを上手に表現するアサーティブ行動を身につけるとよいでしょう。共感することが上手なあなただからこそ、利用者と介護職、先輩職員と後輩職員、介護職と他職種など、立場の異なる人と人との間で潤滑油のような存在になれるはずです。

 クッション言葉

　クッション言葉とは、会話のなかでクッションの役割を果たす言葉のことをいいます。
　「おそれ入りますが」「申し訳ございませんが」「お手数ですが」などと一言添えるだけで、より丁寧な印象になります。言いにくい内容でも、相手に失礼にならずに伝えることができるので、マジックフレーズ＜魔法のような言葉＞とも呼ばれています。
　利用者に対してだけでなく、介護職間のコミュニケーションにおいても、クッション言葉を積極的に活用するとよいでしょう。「申し訳ないけど」などの一言があると、コミュニケーションがスムーズになります。

タイプ3の人は、相手への思いやりや気づかいを、人一倍強くもっているんだね。ただ、その気持ちが強くなりすぎると、発言や行動をためらってしまうこともありそうだよ！

タイプ4のあなたは……「好奇心によって動く人」

なるほど！
とても興味深い
お話ですね。
その後、どう
なったのですか？

　介護職のDさんは、利用者Iさんの話を聞いています。「なるほど！　とても興味深いお話ですね。その後、どうなったのですか？」と、Iさんの話を促しています。Dさんが関心をもって話を聞いてくれているので、Iさんはとてもうれしそうです。

Dさんは、利用者さんの話にとっても興味をもっているみたい。利用者さんとの会話が盛り上がっているね！

Dさんは、「好奇心によって動く人」だから、好奇心が旺盛なんだよ。Dさんが熱心に聞いてくれるので、利用者さんは話す意欲が高まっているね。

ここが強み

- 知性的で思慮深い
- さまざまなことに好奇心をもつ
- アンテナを張っている
- 物事の本質を見抜く力がある
- 変化や新しいことを好む

タイプ4の「好奇心によって動く人」は、いつもアンテナを張っていて、新しいことを積極的に取り入れていこうとする柔軟な姿勢が強みだね。

タイプ4の強みをいかすのは、**機転をきかせたコミュニケーション**です。

利用者とのコミュニケーションでは

タイプ4のあなたは、相手に合わせた会話が得意です。どのような話題にも機転をきかせて上手に対応できるでしょう。さまざまなことに興味・関心をもっているので、提供できる話題も豊富です。話をするのも、話を聞くのも上手なので、会話を広げていくことができるでしょう。

職員とのコミュニケーションでは

タイプ4のあなたは、物事に固執せず、臨機応変に対応できる柔軟さが強みです。うまくいかないことがあっても、すぐに視点を変えて、「こういうとらえ方もできるよね」などと、「**リフレーミング**」（p.126）するのも得意でしょう。

🔴 ここが苦手？

報酬などの見返りがなくても、興味・関心のあることには意欲的にチャレンジする一方で、地道な作業や変化のない単調な業務になると、モチベーションが下がりがちです。新しいことには積極的に挑戦するのに、やるべきことが後回しになってしまうと、「やりたいことしかやらない」と周囲から思われてしまうかもしれません。

🔴 苦手を克服

ポイント 1　どんなことにも興味を見つける

意欲的になれないような業務にも、まず取り組んでみましょう。行動しているうちに、「ここはもっと改善できるはず」「もっと違うやり方を取り入れてみよう」などと、創意工夫できることが見出せると、モチベーションが上がります。

ポイント 2　相手の反応を確認する

機転のきくタイプ4のあなたは、話の展開が早く、話題があちこち飛びやすい傾向があります。あなたのテンポについていけない人は、会話に参加できなくなってしまうこともあるでしょう。相手の反応を確かめながら、相手のペースに配慮して話をすることを、心がけましょう。

> タイプ4の人は、興味のないことには無関心になりがちなんだね。だけど、仕事においては日々の業務を確実にこなしていくことも大切だよ。

● タイプ4は、新しいことを言ったり、やったりして、常に変化をもたらす人

　好奇心旺盛で、古い習慣やこれまでのやり方に固執しないのはタイプ4の強みですが、保守的な職場や人間関係のなかでは誤解を招いてしまうこともありそうです。

　アンテナを張って、新しいことを積極的に取り入れていくと同時に、「やるべきこと」や「やらなくてはいけないこと」にもしっかり取り組んで、守備範囲の広い介護職を目指しましょう。

相手の話を促す質問

　話を聞くときは「うなずき」や「あいづち」で反応を示すことが基本ですが、相手の話を促す質問をプラスしてみましょう。質問することで、「あなたの話をもっと聞きたい」というメッセージが相手にはっきりと伝わります。

　「それからどうなったのですか？」「その後、どうされたのですか？」などと質問すると、会話がさらに広がります。「うなずき」「あいづち」を基本にして、相手のペースに合わせて質問をはさむとよいでしょう。自分のペースで「それで？」「だから？」と質問をすると、介護職主導になってしまうので注意しましょう。

「やるべきこと」もちゃんとやらなきゃね！

165

タイプ５のあなたは……
「まずは行動する人」

　利用者の皆さんが、楽しそうにレクリエーションに参加しています。元気よく、先頭に立ってレクリエーションを指導しているのは、介護職のＥさんです。Ｅさんが、明るく、その場を盛り上げているので、利用者だけでなく、ほかの職員も楽しそうです。

Ｅさんは、誰とでも仲よくできるオープンな人なんだね。明るくて、元気いっぱいだから、みんなも思わず笑顔になっちゃうね！

Ｅさんは、先頭に立って仕事をてきぱきとこなしているね。

ここが強み

- 人と積極的に話すことが好き
- 社会的な流行や変化に敏感
- オープンマインドで人懐っこい
- 意欲的で、行動力がある
- ポジティブ、ときに楽観的な思考をする

> タイプ5は、自分がこうだと思ったことに正直で、あれこれ考えるより「まずは行動する人」だよ！

タイプ5の強みをいかすのは、**積極的なコミュニケーション**です。

利用者とのコミュニケーションでは

タイプ5のあなたは、初対面の人とでもすぐに打ち解けることができるでしょう。誰に対しても、同じようにフレンドリーに接することができます。「話せばきっとわかってもらえる」という気持ちをもって相手と向き合うので、利用者もこころを開いて、本音で話をしてくれることが多いでしょう。ストレートなものの言い方も、ポジティブな姿勢のあなただからこそ、好意的に受け取ってもらえるはずです。

介護職間のコミュニケーションでは

タイプ5のあなたの存在は、職場全体を活気づけることができるでしょう。「一生懸命やれば報われる」というポジティブな姿勢は、周囲の職員のやる気や元気を引き出します。誰に対しても壁をつくらずに接することができるので、上司やほかの職種に対しても、自分が考えたことや思ったことをストレートに言うことができるでしょう。

ここが苦手？

夢中になると自分のペースで動いてしまったり、自分の考えで物事を推し進めてしまったりして、失敗してしまうこともありそうです。「遠慮のない人」「自分本位」という印象をもたれてしまうこともあるかもしれません。

苦手を克服

ポイント 1　気づかいの言葉をプラスする

自分から積極的にかかわりをもつことが得意な分、コミュニケーションが自分のペースになりがちです。利用者の気持ちを置き去りにしないように、気づかいの言葉を心がけましょう。例えば、起床時に「おはようございます！　今日はいいお天気で気分がいいですね！」と元気よくあいさつした後に、「気分はいかがですか？」「よく眠れましたか？」などと、相手を気づかう言葉をプラスしてみましょう。

ポイント 2　相手の考えを引き出す

自分が考えたことや思ったことを伝えた後、「それについて、どう思いますか？」などと、「**オープン・クエスチョン**」（p.169）で質問してみましょう。相手の意見を聞いたり、周囲からのアドバイスに耳を傾けたりして、行動する前に考えを整理してみるとよいでしょう。

168

Part 3　自分の強みをいかす

● タイプ5は、元気で楽観的な場の雰囲気を明るくできる人

　自分がよいと思ったことを、すぐ実行に移すことができるのはタイプ5の大きな強みですが、熱意のみで突き進んだり、一方的に推し進めたりすると、せっかくの行動力が裏目に出てしまうこともあります。

　コミュニケーションは、相手があって成立するものです。自分本位のかかわりにならないように、相手の気持ちや考えを引き出して確認しながら、双方向のやりとりを心がけましょう。

オープン・クエスチョン（開かれた質問）

「今日は何をしたいですか？」のように、自由に答えることができる質問をオープン・クエスチョン（開かれた質問）といいます。相手の考えを引き出すときに適している質問です。

タイプ5の人は、一生懸命になればなるほど熱意のみで突き進んでしまって、周りが見えなくなりがちだよ。その結果、周囲からは強引な人と思われてしまうこともあるよ。

169

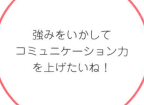

著者紹介

大谷　佳子（おおや　よしこ）

昭和大学保健医療学部講師

Eastern Illinois University, Honors Program 心理学科卒業、Columbia University, Teachers College 教育心理学修士課程修了。介護教員講習会、認知症介護実践リーダー研修、介護相談員養成研修のほか、コミュニケーション、コーチング、スーパービジョンなどの研修などを担当。主な著書に、『基礎から学ぶ介護シリーズ 利用者とうまくかかわるコミュニケーションの基本』（中央法規出版／共著）、『ポケット判介護の○と×シリーズ コミュニケーション○と×』（中央法規出版／共著）、『対人援助の現場で使える聴く・伝える・共感する技術便利帖』（翔泳社）『対人援助の現場で使える質問する技術便利帖』（翔泳社）など。

ステップアップ介護
よくある場面から学ぶコミュニケーション技術

2019 年 9 月 1 日　初 版 発 行
2023 年 8 月 10 日　初版第 2 版発行

著　者 ……………………… 大谷佳子
発行者 ……………………… 荘村明彦
発行所 ………………………… 中央法規出版株式会社
　　　　　　　　　　　　〒 110-0016 東京都台東区台東 3-29-1 中央法規ビル
　　　　　　　　　　　　Tel. 03-6387-3196
　　　　　　　　　　　　https://www.chuohoki.co.jp/
装幀・本文デザイン ……… 石垣由梨、齋藤友貴（ISSHIKI）
本文イラスト ………………… 堀江篤史
キャラクターイラスト ……… こさかいずみ
印刷・製本 ………………… 株式会社アルキャスト
ISBN978-4-8058-5927-8

定価はカバーに表示してあります。
本書のコピー、スキャン、デジタル化等の無断複製は、著作権法上での例外を除き禁じられています。
また、本書を代行業者等の第三者に依頼してコピー、スキャン、デジタル化することは、
たとえ個人や家庭内での利用であっても著作権法違反です。
落丁本・乱丁本はお取り替えいたします。
本書の内容に関するご質問については、下記URLから「お問い合わせフォーム」に
ご入力いただきますようお願いいたします。
https://www.chuohoki.co.jp/contact/